A REINTEGRAÇÃO SOCIAL DO PRESO E O TRABALHO

São Luís - MA
2021

Natan Costa Rodrigues

A REINTEGRAÇÃO SOCIAL DO PRESO E O TRABALHO

São Luís - MA
2021

AGRADECIMENTOS

Agradeço primeiro a Deus pelo dom da inteligência, da sabedoria e do conhecimento que Ele abundantemente tem infundido na mente e no coração dos homens.

Louvo ao Senhor pela minha família, e tributo este livro às três pessoas que Deus colocou na minha vida: minha esposa Laurinéia de Jesus Rodrigues, e meus dois filhos Benjamim L. de J. Rodrigues e Pedro L. de J. Rodrigues.

Agradeço ainda a meus pais e irmãos, verdadeiros amigos, companheiros e cúmplices. De fato, eu tenho a melhor família que alguém poderia ter!

Agradeço aos colegas e amigos, que tem atravessado a minha vida em felizes intercorrências e relacionamentos. Nestas paragens, sempre aprendo e reaprendo!

Por fim, agradeço ao Senhor Jesus pela Igreja, o seu Corpo, na qual Ele tem permitido que eu desempenhe alguma função útil à edificação e progresso dos eleitos em Cristo!

Maranata! Ora vem Senhor Jesus!

"Quando os pés estão corretos, todo o resto nos acompanha." (C. S. Lewis)

SUMÁRIO

1 INTRODUÇÃO

O cenário desenhado no interior das prisões, Brasil afora, chama à atenção pelas precárias condições físicas e sanitárias existentes ali, bem como por um elenco de fatores críticos. Rebeliões, fugas, massacres, predomínio de facções, execuções, entre outras barbáries, denunciam a seu modo, uma crise do sistema prisional calcada em problemas que extravasam as grades e celas das penitenciárias, para adentrar também em gabinetes de agentes políticos e no próprio seio da sociedade.

Em verdade, somente um olhar adoecido pela ignorância da matéria, poderia considerar como "normal", esse quadro de horrores que se descortina no sistema prisional.

Em vista dessa perspectiva e com o fito de realçar o didatismo da matéria, cumpre expor qual será o itinerário do presente livro.

Por oportuno, inicialmente será feito um escorço teórico acerca do tema, com o intento de situar a sua compreensão dentro de limites pré-fixados.

Será abordado, em sequência, a origem do sistema prisional, especialmente o surgimento e a consagração da pena privativa de liberdade como forma dominante de resposta penal ao delito perpetrado. Serão analisados os pressupostos teóricos subjacentes ao advento da prisão, o elenco de suas vantagens, bem como os seus pontos críticos nodais.

Ademais, será verificada a estrutura física e social do sistema prisional, é dizer sua estruturação legal, bem como o esboço de sua real e concreta situação.

Será abordada, a tese do "estado de coisas inconstitucional", sua utilidade e repercussão no Brasil, bem como a viabilidade de sua importância para o enfrentamento das mazelas que assolam o sistema penitenciário nacional. Ato contínuo, serão abordados os principais problemas do sistema penal, a exemplo da superlotação dos presídios, as deficiências estruturais e administrativas, entre outros aspectos relevantes.

Se mostra indispensável, a seguir, o conhecimento da disciplina constitucional da matéria, esboçado a partir do delineamento das funções da pena, sob a ótica clássica tradicional e sob o enfoque paradigmático da criminologia crítica.

Outrossim, serão analisados brevemente os princípios da dignidade da pessoa humana e sua conexão com o trabalho, bem como o princípio do valor social do trabalho, expresso na Constituição Federal de 1988 como fundante do Estado Democrático de Direito.

O princípio da humanidade das penas será analisado juntamente com a vedação constitucional às penas de trabalhos forçados e as demais diretrizes preceituadas atinentes ao referido princípio.

No cerne, será abordada a disciplina normativa do trabalho conforme exposta na Lei de Execução Penal. Serão analisados, o trabalho interno e externo dos presos, os conflitos doutrinários que permeiam a interpretação desses dispositivos, a eficácia reintegradora do trabalho esboçada a partir de uma ponderação crítica e fundamentada nos resultados de algumas experiências concretas e em análises efetuadas por especialistas na temática.

2 DEFESA DA LEI, DO CRIMINOSO OU DA SOCIEDADE?

Antes de avançar no tema proposto, convêm frisar que não se cuida aqui, de ignorar o sofrimento das vítimas ou das famílias atingidas pela infâmia do crime. Não se trata de fazer vista grossa às consequências nefastas da criminalidade organizada no meio social. Não é o propósito deste, arvorar um estandarte em defesa de criminosos e corruptos; muito menos de sustentar um ponto de vista indefensável, como muitos ousam fazer, o de que haveria alguma lógica benéfica ou positiva que justificasse a prática das infrações penais.

Convêm, de plano afastar duas hipóteses que quase sempre permeiam trabalhos deste gênero. A primeira é a que prima pelo recrudescimento do sistema penal, tipificando indiscriminadamente condutas e mobilizando o sistema criminal para abater os criminosos. A segunda, consiste na afirmação de que toda sorte de males que assola o sistema criminal, radica precisamente na pena de prisão e na consequente existência do cárcere, o que reclama a extinção da pena privativa de liberdade.

Que se pretende então?

Este trabalho se propõe a analisar, inicialmente, a violência feita à Constituição Federal e à Lei de Execução Penal, às suas finalidades, explícitas e substanciais, ou seja, pretende-se vislumbrar e descrever o fosso abissal que se estabelece entre as disposições legais de um lado, e as condições concretas da prisão, do outro e, a partir daí, introduzir o trabalho do preso como uma ferramenta de atenuação das mazelas do crime.

Não é objeto deste estudo, o julgamento do caráter de um apenado em particular, ou dos presos de modo geral, ou mesmo da própria postura da sociedade. O foco é, precisamente, esse contraste, onde se antagonizam as prescrições normativas da legislação e a destoante realidade do sistema prisional. Tal contraste, permite afirmar, com segurança, a ocorrência de uma violência à lei: a percepção de uma tutela deficitária dos bens jurídicos envolvidos e, em última instância, a necessidade de uma intervenção no sistema prisional com o objetivo de otimizar seus institutos.

Em verdade, quem julga de outra forma, ignora que a lei não regula estados de foro íntimo. Ela busca, essencialmente, resguardar seu próprio império e os bens jurídicos dotados de aferição objetiva.

A questão referente à concretude de uma mudança de caráter ou personalidade por parte de um criminoso, é tema que exorbita da esfera legal para assentar raízes na psicologia, na sociologia e na filosofia, entre outras ciências, a exemplo da criminologia.

O direito, enquanto disciplina normativa, volve a sua atenção para aspectos mais práticos e palpáveis da conduta. Ele dá como certo que todo ser humano, por mais perverso que seja, mantém a sua natureza humana e possui uma dignidade intrínseca que possibilita que o mesmo, enquanto ser moral, responda pelos seus atos e seja tratado de forma distinta dos seres irracionais.

O direito pretende com o encarceramento basicamente duas coisas: garantir uma forma digna de punir um ser moral e conservá-lo incólume durante o cumprimento da pena. De outra banda, a punição cominada e o cárcere destinam-se a ajudar o apenado a superar dois dos seus desafios principais: o crime e o próprio cumprimento da pena no ambiente penitenciário.

O direito mostra-se vocacionado a subsidiar, em vista da cogência de suas normas, a consecução dos objetivos preconizados nas demais ciências. Em verdade ele positiva esses objetivos, conferindo a eles juridicidade. O caráter pretendido para a pena, demonstra isto. A sua finalidade educativa, tem em vista o ser moral, o ser que pode aprender e reaprender; pressupõe, no mais das vezes, alguém que é influenciado positiva ou negativamente.

Nesse passo, o direito é uma ciência do *dever-ser*, embora seus objetivos restrinjam-se ao controle de atos exteriores dos indivíduos, não perquirindo ele, acerca de convicções de fórum íntimo e moral. O direito não busca, explicitamente, reformar a moralidade ou as convicções de um indivíduo, ele situa-se, antes, como uma ciência de apoio e controle, destinada a prover condições para que as finalidades últimas de outras instâncias sejam atingidas.

I

Se ao Direito, interessa o comportamento objetivo do homem, não pode a lei disciplinar possibilidades de possibilidades. Entenda-se: possibilidades do que poderia ser. Com efeito, a lei incide sobre fatos consumados ou pretendidos, não sobre a própria possibilidade de um acontecimento. Sendo assim, os fatos sobre os quais ocorre a incidência da lei: ocorreram, ocorrem ou podem ocorrer, mas nunca poderiam ter ocorrido. Possibilidades semelhantes a estas, pertencem aquela ordem de coisas ligadas às potencialidades virtuais do homem, àquela brecha que garante e agasalha a criatividade, cujos horizontes são praticamente ilimitados e inesgotáveis. À estas coisas, o Direito simplesmente acena. Não obstante, amolda-se, aquiesce e busca normatizar os fatos que se tornaram parte e roteiro da dinâmica social, sejam como fatos consumados, ou fatos cuja possibilidade de consumação seja certa.

A prisão de pessoas é um fato consumado ou a se consumar, tão claro e evidente, como o são os crimes perpetrados e que encontram a tutela repressiva da Lei Penal. Se a repreensão penal é cabível em relação a prática delituosa, igualmente o será a custódia qualificada do criminoso, com vistas a devolvê-lo à comunidade de onde saiu.

Se a pena, possui um caráter retributivo, trazendo a vindita sobre o delito praticado, pode com muito mais justiça, ser afirmado, que a ressocialização do apenado, é o corolário desse processo de expurgação do criminoso, o qual deve ficar no cárcere, saindo de lá um novo homem, não mais estribado na sua conduta delituosa.

Não será maior a vitória da sociedade, se ao invés de se matar esse homem, o recuperar para si própria? Se ao invés de condená-lo ao sofrimento perpétuo, transformá-lo, recuperando-o?

Há alguma forma, entretanto, de se expurgar só o crime, sem que seja destruído o criminoso? De repreender e vindicar as vítimas, sem condenar perpetuamente à desgraça o agressor? O Direito, em vista de suas normas, pressupõe que sim, e a prisão foi a resposta formulada.

Em verdade, há de fato, a necessidade da punição; de reprimenda, enérgica e eficaz, segura e certa, para dissuadir o criminoso da prática do delito, assim como para prevenir o cometimento de crimes pelos demais indivíduos. Apesar disso, igualmente se mostra imprescindível, a reabilitação social dos criminosos.

Da conjugação, ponderação e equilíbrio dessas duas necessidades básicas da sociedade, consagradas na lei, *reprimenda e restauração*, resulta a eficácia, validade e legitimidade das normas da Execução Penal. Igualmente por elas, pode-se aferir e avaliar a realidade que se descortina no ambiente penitenciário, seu sucesso ou insucesso.

A sanção, cujo conteúdo é de natureza *disciplinar*, estritamente falando, pressupõe implicitamente um sentido pedagógico, destinado a inculcar o procedimento correto ao infrator. Se o juízo prolatado ao criminoso, pretende tão somente a sua condenação, em verdade, não é condenatório, mas sentencia seu banimento. Não há aí condenação, senão degradação, a qual ultrapassa o corpo do condenado, atingindo a sua memória, seus valores espirituais, deslegitimando a aplicação da lei. De fato, são questionáveis as penas que abolem qualquer chance de ressocialização.

Embora haja crimes que perturbem e pasmem pela sua perfídia e maldade, o homem não pode, em absoluto, negar a oportunidade que até Deus concede. Se o Criador substituiu a Lei Mosaica, lei de Talião, de rigores extremados, pela Graça de Cristo, o imerecido favor que nos alcançou, pode agora o Legislativo ou o Executivo, o gestor do presídio ou o Delegado, o Juiz ou o Promotor, enfim, os seres humanos, promoverem a aplicação de uma lei pela lei, da justiça pela justiça, da pena pela pena, e não desses institutos em favor do homem? Com efeito, o fim último da lei é a restauração da realidade humana, sua harmonia e sobrevivência: o fim da lei humana é contribuir para a realização da plenitude do ser humano.

Parafraseando Cristo: a Lei foi feita por causa e em benefício do homem, e não em razão de si mesma. A necessidade da pena é de igual intensidade que a necessidade da Reintegração Social: aplicação de pena sem oportunidade de mudança é simples banimento.

II

A convicção de que é possível a condenação do crime, juntamente com a salvação do criminoso, é um *princípio*, que não pode ser apagado pelo mais baixo senso de justiça, o qual radica no comezinho, animalesco e primitivo sentimento de vingança desnuda de toda misericórdia.

Em verdade, isto é uma certeza insofismável, presente em todas as religiões e filosofias morais, entre aquelas dignas de figurar no panteão das que prestam um serviço de elevação moral à sociedade. Encontramos esse princípio ali no Judaísmo, no Cristianismo, Islamismo, nas religiões orientais e nas religiões africanas, cuida-se de certeza que emana daquela razão natural, patenteada pelas mentes que se deixam aquilatar pelo exercício das faculdades da moderação e da virtude.

Vemos ele, incipiente, na educação que ministramos a nossas crianças, nas nossas amizades e mesmo nos nossos debates e discussões. Repreendemos nossos amigos, cônjuges e parentes, para purificar-lhes das escórias da injustiça, mas queremos tê-los a salvo conosco.

Para alcançar esse princípio, a razão e a experiência, nos orientaram a administrar remédios, às vezes amargos e dolorosos, que em um primeiro momento, suscitam lástimas e revoltas, mas tão logo surtem seus efeitos, garantem a salvação daqueles que estimamos, reafirmando a sua utilidade e relevância.

De fato, guardadas as devidas proporções, esse princípio, que é um dos vetores orientativos da vida em sociedade, é aplicado àqueles indivíduos que sucumbentes aos apelos do crime, provocam a justa e esperada repreensão social. Novamente, a razão e a inteligência, virtudes tão caras e preciosas, nos ensinaram aqui, que a correção aplicada com furor repentino ou sob a égide de impulsos emocionais reflexos, tolhidos de moderação, desvirtua-se em crime hediondo, desprovido de qualquer sombra ou lustre de racionalidade.

A imoderação confunde o "mal" com o indivíduo que o pratica, o pecado com o pecador. Torna-se irracional, não simplesmente porque é dura, mas porque é excessiva, retribui o crime e abate o criminoso.

O tempo, esse mestre ignoto, encarregou-se de mostrar que há meios eficazes de se retribuir o dano causado pelo crime e, conjuntamente, a reabilitação do condenado à vida social.

A recuperação do preso sabidamente é um ato complexo e, conforme demonstraremos de forma reiterada ao longo destas divagações, depende de inúmeras variáveis, inclusive do próprio apenado, de onde procede grande parte de sua própria reabilitação.

III

De modo simples e direto podem ser elencados cinco fatores que influenciam a recuperação de um detento, em maior ou menor grau: a família ou o núcleo familiar, a prática e a natureza do crime cometido, o lugar de cumprimento da pena, as circunstâncias sociais encontradas pelo egresso ao deixar a prisão e a personalidade do criminoso.

A família não pode ser ignorada, uma vez que é de todo evidente a sua capital importância. Com efeito, a higidez do núcleo familiar, tem o condão de conferir à criança instrumentos psicossociais com os quais ela pode lidar adequadamente com os fatores estressores presentes no meio social. Esse cabedal de valores que é desenvolvido em um lar, habilita o indivíduo humano para a convivência em sociedade. Disto podem dar maior testemunho, os incontáveis estudos realizados por psicólogos, antropólogos e profissionais de variadas ciências[1], bem como a nossa própria experiência cotidiana.

Pode ser afirmado, com segurança, que os indivíduos nascidos e crescidos em lares abalados por violências, drogas, divórcios, abusos sexuais, entre outras intempéries familiares, possuem maiores chances de enveredarem pelos caminhos da criminalidade. Parece acertado, dessa feita, que

---

[1] Neste artigo os autores fazem um levantamento das produções sobre família e comunidade: https://www.scielo.br/j/pcp/a/PvSpLDKDvFcy7nrFQNNkSjz/?lang=pt. Os estudos quase sempre frisam as interconecções que se estabelecem entre família e saúde, família e criminalidade, família e aprendizagem, etc. Vide também: http://pepsic.bvsalud.org/scielo.php?script=sci_arttext&pid=S1806-69762008000200003. Neste os autores tratam especificamente da relação família *versus* mundo das drogas. Cite-se o estudo: https://www.scielo.br/j/ln/a/mHYMCDRWhLWDDztLBTqhbxn/?lang=pt#. O autor trata exatamente da presente hipótese.

a lei estabeleça uma assistência familiar ao apenado, haja vista a relevância dessa instituição social.

No que tange à natureza do crime cometido, é particularmente notável que a sociedade abomine determinados crimes, enquanto se mostra mais complacente com outras condutas.

Considere-se, a título de exemplo, o pai que mata o estuprador de sua filha impúbere. Neste caso, tem-se dois crimes, um homicídio e um estupro, contudo, a sociedade tende a desculpar o pai e a condenar o estuprador.

Inúmeras circunstâncias podem ser colacionadas para conferir maior ou menor grau de reprovabilidade à conduta delituosa. Geralmente, quanto maior a reprovabilidade da conduta, menor serão as chances de uma futura reintegração social.

Com relação as condições sociais que o egresso encontra ao deixar a prisão, novamente não há dados seguros que possam dar conta de uma conclusão semelhante em todos os casos. Para alguns, há a ameaça de morte fora do cárcere, sendo a prisão um refúgio. Para outros, somente uma mudança de cidade, estado ou país pode atenuar as mazelas do ergástulo e as memórias do crime. Constam ainda os casos de uma imensa massa de reincidentes e criminosos de carreira. Outros criminosos, possuem ao seu lado o poder do dinheiro e o poder político, e conseguem consagrar-se na vida pública, como criminosos benquistos ou como um mal necessário ao povo.

Quanto à personalidade do criminoso, se tem aqui um componente apto a atenuar ou aprofundar todas as circunstâncias de risco anteriormente listadas. A forma peculiar como cada indivíduo lida com as crises, fracassos e percalços da vida, dita em grande medida o seu sucesso ou insucesso.

Uma personalidade carente de ferramentas emocionais inatas ou aprendidas, pode solapar rapidamente aos apelos do crime. Ouve-se de pessoas, que conseguiram superar os limites e circunstâncias impostos pelo ambiente social e familiar circundante. Em geral, tais indivíduos utilizam as próprias mazelas e fraquezas para o seu crescimento emocional e pessoal, aproveitando as oportunidades que o meio social oferece.

Dentro do espectro da personalidade, fatores como a resiliência assumem um patamar excepcional. A capacidade de autotransformação, reflexão e retroalimentação, formam um tripé de condicionantes que impulsionam o indivíduo a subjugar e a exceder suas próprias deficiências.

A personalidade pode ser influenciada tanto por fatores internos quanto externos. A qualidade dessas influências também pode orientar significativamente o curso da vida e a tomada de decisões por parte do indivíduo.

Conclui-se que a personalidade constitui um termo moderador em relação aos outros fatores, no sentido de que pode modular os efeitos recebidos das outras instâncias, potencializando ou atenuando suas incidências e efeitos. Mais que isso: a vontade, como dimensão e exteriorização da personalidade, é a última fronteira e barreira da ressocialização: se o apenado não quiser e não aquiescer à mudança, nenhuma oportunidade, estímulo, ambiente prisional ou familiar serão suficientes para demovê-lo da prática delituosa.

Por fim, cite-se o ambiente de castigo e disciplina, que é também o *locus* de recuperação do preso. Dos fatores até aqui tratados, este é o único que o Estado possui integral responsabilidade de regulação e administração, e nesse sentido, suas eventuais falhas, podem ser creditadas a omissões, negligências ou má administração do ente estatal.

O ambiente da prisão está descrito na lei, e constitui o lugar destinado ao cumprimento da pena. Com efeito, a lei estipula que o ambiente prisional deve ser um local adequado às suas finalidades institucionais, obrigando-se o Estado a reunir ali um conjunto de medidas tendentes a possibilitar e oportunizar ao apenado o cumprimento da pena e a sua reintegração à sociedade.

<h2 style="text-align:center">IV</h2>

Com irrefragável vigor, se impõe isso à nossa consciência: a noção de que um ambiente oportuno e adequado à consecução desses propósitos é tão necessário e urgente, quanto a própria existência de propósitos como esses.

A imagem de um inferno em chamas, onde jazem os corpos de demônios agrilhoados, com vermes a devorar-lhes as carnes, inconsumíveis e putrefatas, entranhadas em dor e agonia, onde por toda parte se houve o alarido do desespero e da desesperança, condiz em última instância com o destino daqueles que não tem mais salvação. Aos homens, viventes, ainda que soçobrados no crime, pende a expectativa, mesmo que tênue e remota, de uma restauração.

Se em contribuir com a reintegração social dos presos radica a importância do ambiente prisional, como admitir que as prisões possam converter-se, precisamente, na força motora de sua disfunção? Como tolerar que as penitenciárias sejam o *locus* de sua própria falência? Que ali se reproduzam os criminosos, pululem e se multipliquem, administrando entre si, em superdosagens, a doblez, a vileza e a degradação moral?

Nestes locais, recheados de sordidez, onde a corrupção já saltou à janela e assentou-se à mesa para banquetear, pretende-se a recuperação dos detentos e sua transformação psicossocial. Espera-se que de lá, da latrina, saiam grandes homens, de elevada moral, escorreitos, castos e virtuosos.

À parte disto, entretanto, posiciona-se a lei, eminente, acima das cumeadas, prescrevendo normas altaneiras e excelentes: tão divorciadas estão da realidade, que os seus séquitos se perfilham rente das nuvens. Aqui embaixo, rapacidade e avidez, pilhagens e sortilégios; não se contempla nada, senão desatinos e irrisão nos ambientes destinados ao cumprimento da norma.

Deste quadro dual, antagônico e conflituoso, se constata que desapareceu de todo, a moderação nos meios, o equilíbrio, o justo termo – insígnia da verdadeira inteligência e distintivo da genuína sabedoria.

É noção primária e vital, a de que a prisão não é somente um local de cumprimento da pena, senão de reeducação e reabilitação. A ideia, conforme subtende a lei, é a de que o processo de penalização do criminoso, seja algo mais do que uma longa e cruel condenação.

Vislumbra-se, antes de tudo o mais, a possibilidade real, concreta e atingível de que o preso reaprenda a conviver em sociedade de modo harmonioso. Este propósito específico, reclama de um lado, oportunidades e um ambiente propício para mudanças, e de outro, incentivos e estímulos, para que o detento adira a essas oportunidades.

V

Mas como pode ser isto? Não seria a prisão apenas um aparelho de segregação, uma fábrica de gerar excluídos e estigmatizados? Um elo vital dentro do funcionamento social da sociedade capitalista, destinada a domesticar os corpos dos apenados e reduzi-los, pura e simplesmente, a mais uma mercadoria a venda no mercado ou a uma engrenagem na cadeia produtiva?

Tais ideias, em verdade, são tão insustentáveis quanto aquelas primeiras. Não há, evidentemente, como impedir a segregação de indivíduos antissociais. Seja no capitalismo, seja no comunismo, onde houver a pecha antissocial, necessária se fará a segregação, temporária ou duradoura, processual ou condenatória desses indivíduos.

A privação de liberdade imposta ao criminoso radica na absoluta necessidade de paz social, segurança pública e de perpetuação da própria sociedade.

Se o poder de destruição social for pequeno, aparta-se e enclausura-se quem o detiver; se, ao contrário, o poder de destruição social for gigantesco, e a extinção for eminente, não se esconderá, segura, a própria sociedade?

Não se cuida aqui, primeiramente de um fenômeno econômico, senão psicossocial e comportamental, de fortes matizes sociológicas. A prisão é uma necessidade, da mesma forma que o uso da força para segregar indivíduos antissociais. É por esse mesmo motivo, que antes que houvessem Estados organizados, se fez necessária a presença do desforço ou autodefesa como forma de extirpar o elemento antissocial.

A força, por sua vez, é um elemento legítimo e necessário, pois somente por um poderio potencialmente maior do que o poder da agressão, se pode repeli-la, se implementando o harmônico convívio social. Nesse sentido, não existe nem sociedade e nem direito, *sem* sistema de justiça estruturado, onde se aplique a lei, com coatividade e supremacia, mediante o uso do aparato de força estatal.

A lei constitui uma disciplina daquela força que, bruta e sensitiva, se impunha imediata e sucessivamente aos conflitos, em meio ao caos das emoções, independentemente da mediação da razão, da equidade e do processo. Com o advento da lei, os atos antissociais são previstos abstratamente, e a força é monopolizada pelo Estado, que deve administra-la comedidamente.

A experiência social posterior, permitiu através das Constituições limitar o exercício dessa força pelo Estado, circunscrevendo as hipóteses nas quais o seu exercício seria legítimo e razoável. Não apenas isto: mas o movimento Constitucional, trouxe para os próprios cidadãos prerrogativas, garantias e direitos, oponíveis ao Estado.

A lei, então, ganhou uma conotação de garantia indispensável à paz e segurança social, tornando-se ela mesma, um emblema de poder, visto que ela permitiu um controle dos atos de poder e força. Todavia é pela lei que se fomentam agendas e planos, e é por ela que também se pode aniquilar a liberdade e a igualdade, a paz e a segurança.

As Constituições, portanto, passaram a estabelecer limites e formas à elaboração de leis, como os quóruns para aprovação de emendas constitucionais, etc., assim como as competências legislativas para tanto, de modo a impedir ou minorar o surgimento de males pela superveniência de leis injustas.

VI

O fator essencial que deve mover a administração pública e a produção da justiça em uma sociedade é este: todo elemento com alta destrutividade social, seja o homem, seja a lei, seja o Estado, seja a economia ou qualquer outra coisa, deve ser regulamentado em sua ação, reação, omissão, efeitos e eficácia.

Por outro lado, todos elementos aptos a atenuarem os aspectos nocivos destes elementos citados, seja inibindo ou prevenindo, restaurando ou condenando, revogando ou editando, devem ser incentivados e fomentados pela lei.

A divisa, contudo, que limita um caso de outro, é muito tênue, às vezes apenas de extensão e intensidade, aplicação ou meios de aplicação desses elementos. Tome-se como exemplo, a pena de prisão. De um lado, ostenta ela, um caráter preventivo, pedagógico e sancionador, trazendo harmonia à convivência social dos indivíduos pela segregação do criminoso. Contudo, se aplicada em demasia ou com desmedido rigor, transmuda-se em agente de reprodução das mazelas que combate. Eis aí a *ratio essendi* da necessidade de concomitante à pena privativa de liberdade, instituírem-se meios positivos de minorar seus eventuais efeitos deletérios.

VII

O trabalho desponta, nesse ideário, como uma das formas de amenizar as mazelas do sistema carcerário, da pena privativa de liberdade, propiciando uma efetiva reintegração social do apenado.

A ocupação lícita, produtiva e remunerada, seja no capitalismo ou no socialismo, é uma das bases da vida humana, da sociedade, e da economia. Pode haver divergência com relação à forma de divisão dos bens produzidos, mas não quanto à necessidade do trabalho e de sua capital importância.

VIII

Ante todo o exposto, quem deverá ser protegido? A lei, o criminoso ou a sociedade? De que lado deve o indivíduo se perfilhar? De fato, há apenas aparência de escolhas. Com efeito, a verdade racional dos fatos, sempre deve ser a escolha genuína. Uma ponderação fundamentada mostrará que o problema não são os "lados da questão", mas sim a forma como se tem colocado esta questão, ou como se tem compreendido ela.

Primeiramente, a lei deve garantir o seu império, mas não impor injustiças, senão se torna ilegítima; o criminoso deve responder por seus atos, porém sob o império da lei que estabelece a sua pena, garantias e direitos; a sociedade é a fonte e a destinatária do poder, devendo exercê-lo através de seus representantes, porém subordinando-se aos limites genuínos de sua vocação.

Há prejuízo social tanto na perversão da e na lei, quanto na subversão da ordem, cometida por um criminoso. A sociedade que comete crimes para punir outros crimes, também regride ao animalesco. Perversão da lei, é perversão social; perversão que resulta em crimes é perversão social. Em qualquer caso, a sociedade padece a anomia.

Não há cisão, todos os traumas são *internos*. Com efeito, se há algum lado ao qual se perfilhar, é o da verdadeira justiça racional. É justo que o criminoso responda por seus atos; é justo que a lei lhe estabeleça garantias mínimas e essenciais, afim de que não se some maldade sobre maldade; é justo que a sociedade desfrute de paz e segurança, bem como receba as contas daqueles que foram confiados à tutela do Estado.

O cumprimento da pena pelo detento, deve servir para sua disciplina e progresso; a reintegração social, deve emanar diretamente da pena aplicada e das oportunidades e condições ofertadas ao apenado; a sociedade deve fiscalizar o cumprimento da pena, bem como a eficácia da sua aplicação, assim como se as garantias e direitos legais estão sendo cumpridos: tudo isto parece ser justo, racional e necessário.

3 SISTEMA PRISIONAL: ESTRUTURA E ASPECTOS CRÍTICOS

É cediço, seja para leigos ou estudiosos da área, que o sistema prisional brasileiro apresenta graves deficiências e problemas, bem como um funcionamento inadequado, que se liga diretamente às questões estruturais, humanas e até legais. Esses problemas tem sido, continuamente, denunciados pelos veículos de comunicação, por estudiosos da matéria, pela própria população carcerária e ainda por órgãos e agências internacionais.

O sistema prisional brasileiro, encerra em seu funcionamento sérias contradições.

Primeiro, destina-se a custódia dos apenados, contudo, apesar da superpopulação carcerária, terceira maior no mundo, ainda existem milhares de crimes impunes e uma sensação de insegurança que desestabiliza o meio social pelo recrudescimento da criminalidade.

Convive-se, por um lado, com um cumprimento de pena, que vai além da punição prevista, ao fazer sucumbir os apenados em verdadeiras masmorras, insalubres e fétidas, juntamente com centenas de outros presos em pequenos espaços. Os detentos são submetidos a tratamentos que violam a dignidade da pessoa humana e os princípios da execução penal, subsistindo nas faldas da sociedade, alijados e excluídos, marginalizados e estigmatizados, participando e consumindo uma cultura que se insurge e sevicia, desprovida de qualquer viso de retempero.

De outra banda, a banalização do crime é promovida ininterruptamente pelas mídias televisivas e sociais; a sociedade presencia cenas chocantes e medonhas, onde a vida de alguém é tirada por coisas banais e insignificantes.

Outrossim, constam inúmeros relatos de fugas e rebeliões. Em suma: não se consegue punir adequadamente e, um dos pilares da reintegração social, é o perfeito e necessário cumprimento da pena, e nem se consegue, por conseguinte, reintegrar o apenado ao meio social.

Os dois polos da questão, mostram a seu modo a necessidade de mudança no enfoque e tratamento emprestado à criminalidade, assim como a curteza, deficiência e a iminente falência do sistema prisional.

Antes, porém de analisar-se as origens, finalidades e problemas que corroem as vísceras do sistema prisional, faz-se necessário, trazer à baila um conceito de sistema prisional.

I

O sistema prisional pode ser enfocado de diferentes perspectivas: estrutural, finalística e ideológica.

Estruturalmente:

> (...) entende-se por sistema prisional o conjunto das unidades de regime aberto, fechado e semi-aberto, masculinas e femininas, incluindo os estabelecimentos penais em que o recluso ainda não foi condenado, sendo estas unidades chamadas de estabelecimento penal. (DAMÁZIO, 2010, p. 33)

De uma perspectiva finalística, o sistema prisional pode ser entendido como os instrumentos de controle social, de que se vale o Estado para custódia e ressocialização de indivíduos que cometem ilícitos criminais (GRECO, 2015). O ponto central desse sistema é a pena privativa de liberdade cumprida no ambiente da prisão.

Nesse sentido, a maior parte dos problemas e questões enfrentados no âmbito do sistema prisional, interagem diretamente com a pena de prisão, sua eficácia, suas finalidades, seu modo de cumprimento, sua abolição, conveniência ou convivência com outras penas alternativas, etc.

De uma outra perspectiva, o sistema prisional é acusado de possuir um forte componente ideológico, servindo como instrumento metódico de controle social: "O significado ideológico do sistema prisional brasileiro muitas vezes é utilizado como instrumento de exclusão ao definir condutas que objetivam conter as classes sociais inferiores." (DAMÁZIO, 2010, p. 33).

Essa visão, encara o sistema prisional, como local onde se concretiza a segregação seletiva de determinadas classes, mediante a tipificação em abstrato de condutas delitivas. O critério de diferenciação e segregação seria o econômico, qualificado e identificado pela sede desenfreada de lucro das classes mais abastadas, assim como pelo atendimento das necessidades do mercado.

Mais à frente retornaremos a este debate.

II

Os ramos do direito que se debruçam sobre a matéria são, o Direito Penal, o Direito Processual Penal, a Criminologia Crítica e Tradicional, o Direito de Execução Penal (expressão problemática) e o Direito Penitenciário. Ademais, há outras disciplinas que possuem grande interesse no desvendar das questões atinentes ao sistema prisional, como a Política Criminal, a Sociologia, a Assistência Social, entre outras.

Uma vez feito esses esclarecimentos conceituais, passa-se a tratar das origens e evolução do sistema prisional. História esta, que se confunde com a história da evolução da pena, e a consolidação da pena privativa de liberdade como forma dominante de sanção penal e do cárcere como o seu local de cumprimento.

3.1 ANTECEDENTES HISTÓRICOS E PRESSUPOSTOS LÓGICOS E FILOSÓFICOS

A doutrina clássica aponta como primeira medida de índole sancionatória, a vingança privada, baseada na retribuição pura e simples de alguém a uma agressão sofrida. A vingança, absoluta e gratuita, incontinente e, por vezes, desproporcional, tem como fundamento a noção de retribuição e merecimento; surge do senso moral que há no homem. Ela triunfa pela sutileza ou pela força do mais sagaz.

Os seres humanos, dotados que são, de um senso de justiça, proporcionalidade, recompensa e compensação, intuitivamente percebem a essencialidade da recomposição ao *status quo ante* de fatos, indivíduos e situações violadas. Como ser moral, o indivíduo humano possui como necessidade o equilíbrio entre as atitudes, entre ação e reação (GRECO, 2015).

Disto emerge a inevitabilidade da pena, da carência humana de justiça, de retribuição e sobrevivência.

Bitencourt (2020, p. 307) expressa bem essa situação ao aduzir que "...é quase unânime, no mundo da ciência do Direito Penal, a afirmação de que a pena justifica-se por uma necessidade". Constata-se que sem a pena, não seria possível a convivência interpessoal pacífica ou sem riscos extremados, ou dito de outro modo: a pena é algo fatal e inexorável a toda convivência humana.

Nos primórdios da civilização, quando havia a quebra dos padrões de convivência social, é de se supor que a pena aplicada, fosse a morte, ou o desterro, por vezes a destruição de toda uma família, seus bens e patrimônio. O agressor era condenado à inexistência, tanto ele quanto as suas emanações sociais, seu nome, sua honra, seus bens, e mesmo sua família: riscava-se o seu nome de debaixo dos céus, apagava-se a sua memória e posteridade.

Havia uma forte presença da Religião. A justiça, consistia numa ordem divina. A ordem social reinante e a forma das relações entre os homens possuíam um caráter sagrado, e a sua violação consistia num pecado capital. A verdade acerca de um crime, era estabelecida por sortilégios, revelações, agouros, consultas a mortos, adivinhações entre outras formas.

Vemos surgir, incipiente, e aos poucos se estabelecendo, os liames de um procedimento, através da inquirição de testemunhas, da inspeção de locais, da purificação de ambientes, etc.

Aos sacerdotes competia a resolução desses casos, através da aplicação de uma simbiose de regras civis, penais, cerimoniais, entranhadas entre si, indissociáveis e indiscerníveis. Não havia, de fato, uma diferenciação entre o caráter dessas regras, se penais ou civis, se religiosas ou seculares.

I

Um importante momento da evolução das penas, foi o advento da lei de talião, resumida no axioma: "olho por olho, dente por dente". A doutrina concorda, que naquela quadra histórica a lei de talião foi um significativo avanço, vez que consistia em uma limitação à extensão da pena. Nesse sentido:

> A *lex talionis* representa desse modo, um avanço, um esforço na direção da individualização do transgressor. É uma expressão primeira do princípio da proporcionalidade, limitando a aplicação da penalidade tanto na quantidade de pessoas, pois só atinge o ofensor, quanto na dosagem de pena aplicada, pois é limitado ao dano causado. (RODRIGUES, 2020, p. 12)

A Lei de Talião é a expressão, no âmbito jurídico, de uma equação de natureza matemática, onde rigorosamente se iguala a pena ao dano causado, na medida em que isso seja possível. O ofensor deve sofrer o sofrimento que causou. Embora implícito e tênue, já se mostra presente aqui, um caráter preventivo e pedagógico da sanção.

As primeiras manifestações da Lei de Talião constam do Código de Hamurabi. Podemos encontrar ainda, a Lei de Talião na Torá Judaica: "olho por olho, dente por dente, pé por pé, queimadura por queimadura, ferida por ferida, golpe por golpe." [2]

A Lei de Talião sofreria, entretanto, mitigação contínua. Vemos no Novo Testamento, Jesus Cristo introduzindo um princípio de Graça na dura lei:

> Ouvistes o que foi dito: "Olho por olho e dente por dente". Eu, porém, vos digo: Não resistais ao perverso; mas se alguém te ofender com um tapa na face direita, volta-lhe também a outra. E se alguém quiser processar-te e tirar-te a túnica, deixa que leve também a capa. Assim, se alguém te forçar a andar uma

---

[2] Êxodo 21:24 – 25; ver também: Lv: 24:20; Dt: 19:21;

milha, vai com ele duas. Dá a quem te pedir e não te desvies de quem deseja que lhe emprestes algo. [3]

O ensino preconizado por Jesus, favoreceu a consolidação da Justiça Estatal, na medida em que prescrevia aos fiéis a abstinência do desforço imediato. Vemos assim, já no ensino apostólico, claramente evidenciado, esse papel dos Tribunais, dos Magistrados e dos Juízes:

> Porque os governantes não podem ser motivo de temor para os que praticam o bem, mas para os que fazem o mal. Não queres sentir-se ameaçado pela autoridade? Faze o bem, e ela o honrará. Pois ela serve a Deus para o teu bem. Mas, se fizerdes o mal, teme, pois não é sem razão que traz a espada. É serva de Deus, agente da justiça para punir quem pratica o mal. Portanto, é imprescindível que sejamos submissos às autoridades, não apenas devido à possibilidade de uma punição, mas também por causa da consciência. Por esta razão, igualmente pagais impostos; porque as autoridades estão a serviço de Deus, e seu trabalho é zelar continuamente pela sociedade. Dai a cada um o que lhe é devido: se imposto, imposto; se tributo, tributo; se temor, temor; se honra, honra. Mt 22:21;[4]

O Estado, legitimava-se perante todos como portador do poder da "espada", e "agente da justiça" estando a "serviço de Deus". Sua função é "zelar continuamente pela sociedade". Concretizava-se aos poucos, nesse sentido, a justiça formal, dotada de mecanismos destinados a prover de modo legítimo a vindita, e as autoridades constituídas eram os agentes dessa vindicação.

---

[3] Mateus 5:38-42;
[4] Romanos 13:3-7;

Uma outra ideia presente no ensino apostólico, é a de que a pena aplicada constitui uma repreensão ao ato ilícito e uma etapa da disciplina e correção, donde advêm o seu caráter de justiça e necessidade, ou seja, a pena é mais que vingança e retribuição, é uma fase necessária para a superação do mal comportamento: o agressor ao ser disciplinado, leia-se penalizado, tem a oportunidade de visualizar e sentir que o mal não compensa, devendo, portanto, evitá-lo. Por outro lado, o bom procedimento é "louvado pela autoridade".

II

Outrossim, não se pode confundir a sanção penal, como resposta penal a um ilícito, com a prisão do indivíduo, que é apenas uma das formas de pena possíveis. Nesse diapasão, em que pese a sanção penal ser antiga, a pena privativa de liberdade é um fato relativamente recente. Conforme ensina a doutrina:

> A Antiguidade desconheceu totalmente a privação de liberdade, estritamente considerada como sanção penal. Embora seja inegável que o encarceramento de delinquentes existiu desde tempos imemoráveis, não tinha caráter de pena e repousava em outras razões. (BITENCOURT, 2020, p. 1281)

O encarceramento na antiguidade destinava-se principalmente a assegurar outras penas ou providências que seriam tomadas a seguir, como a pena de morte (execução, geralmente pública), trabalho escravo (escravidão), pagamento de dívidas, trabalhos forçados em construções públicas, e até eventos públicos de entretenimento para o povo, como duelos e lutas com animais selvagens, etc. Na lição de Rogério Greco:

> A prisão do acusado, naquela época, era uma necessidade
> processual, uma vez que tinha de ser apresentado aos juízes que
> o sentenciariam e, se fosse condenado, determinariam a
> aplicação de uma pena corporal, de natureza aflitiva, ou mesmo
> uma pena de morte. Na verdade, a sua prisão era destinada a
> evitar que fugisse, inviabilizando a pena corporal que lhe seria
> aplicada, em caso de condenação, ou mesmo para que fosse
> torturado, com a finalidade de obter a confissão do fato que
> supostamente por ele havia sido praticado. (GRECO, 2015, p.
> 86)

A prisão possuía caráter acessório, voltava-se para assegurar o cumprimento das leis, rituais religiosos e a imputação da pena. Era nítido, o caráter acautelatório da mesma. Não obstante, por vezes a prisão visava garantir uma situação de fato, a exemplo da situação de prisioneiros escravos ou de guerra, que eram mantidos no cárcere por conta dessa condição.

As penas propriamente ditas, consistiam em torturas, execuções por decapitação ou no madeiro (crucificação), apedrejamentos, banimentos, etc. Havia, contudo, penas mais brandas, como a restituição em dobro ou quádruplo de pertences e haveres roubados e furtados, etc.

O abandono de penas aflitivas, infamantes, cruéis e de morte, foi precedido por um longo período de debates, e reflexões de índoles jusnaturalistas, especialmente nas obras de autores iluministas e dos grandes reformadores penais.

Dois momentos são cruciais nesta mudança de rumo: os ensinos preconizados pelo direito Romano aliado às doutrinas do Cristianismo, e a obra dos iluministas, especialmente, de Cesare de Beccaria. (BITENCOURT, 2020).

III

O advento do Cristianismo, assinala um marco vital dessas mudanças. É inegável que o Cristianismo ao lado dos postulados do Direito Romano, forneceram a maior parte dos instrumentos de análise e grande parte da matéria prima sobre a qual se debruçaram os juristas posteriores, para abrandar a pena.

Sua ênfase no amor fraternal, no cuidado e visita aos presos, constitui um contributo inegável:

> Então, dirá o Rei a todos que estiverem à sua direita: 'Vinde, abençoados de meu Pai! Recebei como herança o Reino, o qual vos foi preparado desde a fundação do mundo. Pois tive fome, e me destes de comer, tive sede, e me destes de beber; fui estrangeiro, e vós me acolhestes. Quando necessitei de roupas, vós me vestistes; estive enfermo, e vós me cuidastes; **estive preso, e fostes visitar-me'**. (grifou-se).[5]

Esse mandamento de atenção aos presos nas visitas, não foi exclusivo de Cristo, mas enveredou pelo período apostólico. Lemos na Carta aos Hebreus, capítulo 13:3: "Lembrai-vos dos encarcerados, como se estivésseis aprisionados com eles; e todos aqueles que sofrem maus tratos, como se vós pessoalmente estivésseis sendo maltratados".

Em uma leitura honesta do Cristianismo, constata-se que o mesmo cuidou tanto de garantir a certeza de uma punição, pelo cometimento de ilícitos, quanto de assegurar o dever de cuidado aos presos, como consectário lógico do exercício da misericórdia.

Em suma, dentro do Cristianismo bíblico, não se vislumbra suporte algum a uma tolerância irrestrita, ao

---

[5] Mateus 25:34-36

ponto de se justificar ou permitir a prática de condutas criminosas. Nota-se, pelo contrário, a presença de um perfeito equilíbrio existente entre a justa punição, presente na execução da pena e da justiça, e o exercício da misericórdia, constante no cuidado e empatia pelos que estão presos.

IV

Em 1764, o clássico Dos Delitos e das Penas, obra prima de Beccaria, foi oficialmente publicado. O vemos condenar a tortura e as penas infamantes: "O legislador deve, por conseguinte, pôr limites ao rigor das penas, quando o suplício não se torna mais do que um espetáculo e parece ordenado mais para ocupar a força do que para punir o crime" (BECCARIA, 1999, p. 34).

A obra de Beccaria consistiu em fixar limites legítimos para a execução da pena. Ele não pretendeu suprimi-la, mas torna-la útil ao fim para a qual se destina. Em sua obra, o célebre Marquês aduz que:

> Para que o castigo produza o efeito que dele se deve esperar, basta que o mal que causa ultrapasse o bem que o culpado retirou do crime. Devem contar-se ainda como parte do castigo os terrores que precedem a execução e a perda das vantagens que o crime devia produzir. Toda severidade que ultrapasse os limites se torna supérflua e, por conseguinte, tirânica. (BECCARIA, 1999, p. 32)

O pensamento de Beccaria estabeleceu a completa ilegitimidade dos processos que utilizavam a tortura como forma de se alcançar a verdade, ou obter uma confissão. O Marquês advertira que esse método, tem como princípio a superação da resistência física do torturado, pouco importando se inocente ou culpado. Em verdade, o que determinava a inocência ou culpa do indigitado, era a sua capacidade de suportar ou não a tortura:

> Eu, juiz, preciso encontrar um culpado. Tu, que és vigoroso, soubeste resistir à dor, e por isso eu te absolvo. Tu, que és fraco, cedeste à força dos tormentos; portanto, eu te condeno. Bem sei que uma confissão arrancada pela violência da tortura não tem valor algum; mais, se não confirmares agora o que confessaste, far-te-ei atormentar de novo. (BECCARIA, 1999, p. 24)

A orientação de Beccaria, subtendia em última instância, que não bastava o fato de um julgamento ou processo ser conduzido por um tribunal ou magistrado para que fosse válido. Era imprescindível que os atos praticados se revestissem de uma certa proporcionalidade.

V

Foi no seio das comunidades religiosas que as prisões começaram a ser utilizadas como local de penitência (daí o nome penitenciária) e arrependimento, especialmente entre os monges. Conforme os registros esse costume surgiu em um monastério católico por volta do século VI da era cristã (GRECO, 2015).

No início da Idade Moderna, por volta do século XVI, surge na Inglaterra as *house of correction*, destinadas aos indivíduos, ditos à época, vagabundos, mendigos, ociosos e ladrões. Destinava-se à reforma-los pela disciplina e trabalho obrigatório. Pouco depois a Holanda tem uma experiência similar (BITENCOURT, 2020).

No século XVIII, com a considerável influência dos pensadores iluministas, bem como de novas necessidades advindas do predomínio do capitalismo, expansão das cidades, surgimento de indústrias, entre outras, começam a ser esboçados novos sistemas penitenciários. A penitenciária modelo desse período foi o Hospício São Miguel, instituído pelo Papa Clemente XI em Roma (GRECO, 2015). Os principais sistemas penitenciários que se consolidaram nessa quadra histórica, foram o pensilvânico, o Inglês, o Irlandês, o sistema Elmira, o Montesino e o Borstal.

Conforme Michel Foucault, a representação ideal da nova forma de se exercer esse controle social, agora não mais voltado a destruição do corpo do apenado, mas sim ao aproveitamento da sua força de trabalho, pela disciplina, estava no modelo idealizado por Jeremy Bentham — o panóptico. Foucault aduz que o "(...) panóptico pode ser utilizado como máquina de fazer experiências, modificar o comportamento, treinar ou retreinar os indivíduos. Experimentar remédios e verificar seus efeitos." (FOUCAULT, 1987, p. 197). Nesse ponto, o Panóptico representaria o auge da prisão de índole burguesa. Estaria em cena a moderna prisão.

Não obstante esse ponto de vista, fato é que na quadra histórica seguinte, sobretudo com o advento do Estado de Bem-Estar Social e as respectivas Constituições, houve uma mudança na perspectiva da funcionalidade dos presídios, os quais deveriam concretizar, além do cumprimento da pena, os direitos e garantias individuais e sociais dos apenados.

O paradigma de então, orientava-se para implementar a ressocialização dos apenados, através da previsão constitucional e legal de uma série de direitos e garantias.

A prisão, conforme concebida atualmente, é um local destinado a ressocialização dos presos e ao cumprimento de medidas de cunho sancionatório, devendo reunir em sua estrutura e funcionamento, um conjunto de oportunidades, direitos e garantias que proporcionem aos presos o abandono da vida de crimes.

VI

Retornando a Foucault, analisemos a perspectiva crítica. Para estes teóricos, constata-se que a prisão nada mais é que uma forma de controle mais discreto e efetivo sobre o corpo dos apenados, um refinamento do exercício do poder. Destina-se a prover e reproduzir mão-de-obra para o sistema instituído.

Em verdade, a criminologia crítica associa o *surgimento* da prisão do indivíduo como pena, não a uma benevolência estatal, mas a uma exigência das necessidades do capitalismo. Nesse passo:

> Os modelos punitivos não se diversificam por um propósito idealista ou pelo afã de melhorar as condições da prisão, mas com o fim de evitar que se desperdice a mão de obra e ao mesmo tempo para poder controlá-la, regulando a sua utilização de acordo com as necessidades de valoração do capital. (BITENCOURT, 2020, p. 1297)

Segundo se defende, a prisão em seu nascedouro atendia ao propósito de domesticar ou docilizar a classe operária, que agora, pelo temor da prisão, ou mediante a submissão do corpo à disciplina, aprendia a respeitar o lugar da classe dirigente, como também seu próprio lugar (BITENCOURT, 2020).

Esse é o entendimento preconizado por Foucault no seu clássico Vigiar e Punir:

> Durante todo o século XVIII, dentro e fora do sistema judiciário, na prática penal cotidiana como na crítica das instituições, vemos se formar uma nova estratégia para o exercício do poder de castigar. E a "reforma" propriamente dita,

> tal como ela se formula nas teorias de direito ou que se esquematiza nos projetos, é a retomada política ou filosófica dessa estratégia, com seus objetivos primeiros: fazer punição e da repressão das ilegalidades uma função regular, coextensiva à sociedade: não punir menos, mas punir melhor; punir talvez com uma severidade atenuada, mas para punir com mais universalidade e necessidade; inserir mais profundamente no corpo social o poder de punir. (FOUCAULT, 1987, p. 81)

Melossi e Pavarini (2014, p. 212), radicalizam a ideia aduzindo que:

> a) se, no mercado livre, a oferta de trabalho excede a demanda – determinando desemprego elevado e a conseqüente queda do nível salarial – o "grau de subsistência" no interior da instituição penal tende, automaticamente a reduzir-se. Ou seja, o cárcere volta a ser um local de destruição da força de trabalho. Desse modo, a instituição participa, em harmonia com as leis da demanda e da oferta, do rebaixamento da curva da oferta.
> b) E vice-versa: a uma oferta de trabalho sustentada, e a um conseqüente aumento do nível salarial, o cárcere não apenas tende a limitar a sua capacidade destrutiva, como também a empregar utilmente a força de trabalho, reciclando-a, depois de tê-la requalificado (leia-se, tê-la reeducado) no mercado livre· O cárcere concorre, deste modo, para diminuir a curva da demanda; sustando a espiral salarial.

Conforme exposto na introdução deste livro, essa visão, não corresponde aos fatos, trata-se antes, de uma submissão dos fatos a uma determinada cosmovisão. Em que pese a prisão moderna ou pós-moderna constituir uma forma mais eficaz de controle e poder, de forma a permitir uma economia da força, disso não decorre sua inadequabilidade. Algo não é perverso por ser mais eficaz ou adequado.

O controle social, o governo civil e o exercício do poder, são antes de tudo, produtos da natureza gregária dos seres humanos, consequentes lógicos e inevitáveis de uma sociedade: na verdade, são a substância mesma de uma sociedade.

Em verdade, essa perspectiva tende a reduzir a complexidade do fenômeno, posto que, embora o surgimento das prisões inglesas e holandesas coincidam com o avanço do capitalismo, já existiam experiências e clamores mais antigos, que pugnavam pela mudança do sistema.

Bitencourt (2020) aduz que o racionalismo iluminista somado a um sentimento de vergonha pelas atrocidades cometidas em público, às mudanças econômicas, ao aumento da população urbana, bem como à miséria e à indigência foram os fatores que mais contribuíram para o surgimento da prisão como forma dominante de política criminal.

Contudo, não se pode entender como uma sociedade pode errar por tentar reeducar e ressocializar aqueles indivíduos que atentam contra as suas regras? Seria melhor destruí-los? A prisão é racional, é obra da razão e da justiça associada à misericórdia; cuida-se, em sua substância, de um produto da civilização.

É sintomático, ademais, que no seio dos projetos mais críticos ao sistema capitalista, tenham ocorrido as mais sórdidas, ignóbeis e horrendas experiências de segregação e manipulação dos seres humanos: campos de concentração, morticínios e extermínios pela fome, revoluções sanguinárias, ditaduras e totalitarismos.

Ainda não se vislumbrou uma fagulha do verdadeiro desenvolvimento, longe daqueles direitos e deveres estatuídos pelas leis da razão, da moral, das religiões e das conquistas da igualdade e da liberdade.

A ideia de uma perversão, de uma maldade, ínsita ao próprio surgimento da prisão, atenta contra a higidez mental natural do homem comum, mesmo porquê, é exatamente dela que se servem os sistemas mais avessos ao capitalismo.

O problema não está na existência da prisão, mas sim na forma como é utilizada ou administrada.

VII

Outrossim, reputar como "minoria" os presos, consiste em outra fracassada tentativa de subverter os propósitos da prisão. A defesa de órfãos, pobres, viúvas, mulheres, crianças, deficientes físicos, etc., pela Lei, é uma coisa, a custódia de criminosos pelo Estado, é outra coisa em absoluto. São duas categorias radicalmente distintas.

O cuidado dispensado aos mais carentes, insere-se dentro de uma perspectiva social; visa equacionar desigualdades materiais, através do fornecimento de mecanismos legais e oportunidades concretas voltadas à minoração das necessidades desses grupos.

No caso da população carcerária, o que se constata é uma custódia estatal com vista a assegurar o cumprimento da pena imposta pela prática de um delito. Ocorre que essa custódia é qualificada, pois visa atingir a reintegração do preso ao corpo social. Nesse processo de ressocialização, o Estado deve disponibilizar os meios para que o detento alcance o propósito da pena imposta. A prisão, *in casu*, se caracteriza, em tese, como *locus* de restauração do criminoso.

É burlesca ainda, a ideia que associa os criminosos a meros indivíduos rebeldes, que não conseguiram se adequar às normas de conduta da sociedade, reclamando, portanto, uma sociedade sem essas regras. Mais trocista ainda, é a ideia de que os criminosos são em verdade uma classe revolucionária constituída de pregoeiros e primícias de um sistema mais justo a ser inaugurado em breve.

Tais imagens gravaram-se com alguma facilidade no meio popular e universitário, especialmente entre os mais jovens, que viram no comportamento dos criminosos alguma rebeldia inovadora. A própria exposição midiática dos criminosos fomentou a disseminação de gírias, trejeitos e comportamentos típicos desses grupos no bojo da sociedade.

A realidade, porém, está bem longe dessas fantasias caricatas.

Os seres humanos que enveredam pelo mundo do crime, padecem em grande parte, na sua carne, de variados vícios em substâncias psicotrópicas, patologias mentais, traumas familiares e sociais, instrução escolar deficitária e falta de oportunidades de trabalho, pobreza e miséria, ausência de resiliência e inteligência emocional.

Acreditar piamente ou pelo menos supor que a prática de crimes constitui um meio digno de se viver, não pode ser outra coisa senão a decretação da falência e morte da razão, da civilização, da moral e da própria humanidade enquanto tal.

Em verdade, seja o criminoso um político, um funcionário público ou um morador dos guetos, duas realidades se impõem: a primeira é a necessidade de sua segregação do corpo social, ou pelo menos de sua supervisão e controle; a segunda é a sua reeducação e ressocialização, visando a sua reinserção a esse mesmo corpo social.

E de fato, uma vez consumado o crime, tendo em vista a sua gravidade, não há como *tentar* recuperar o criminoso, senão segregando-o em um lugar vigiado e controlado. A segregação e exclusão do convívio social decorrem, portanto, de uma imposição fática e lógica, oriunda da própria ação criminosa.

Ante essas constatações, imputar aos criminosos a tarja de "minorias, excluídos, e oprimidos pela sociedade" é um escárnio contra o senso de moralidade, uma irrisão. Não há como furtar os criminosos à justa aplicação da lei penal; não se pode subtraí-los ao exercício punitivo do Estado uma vez cometidos latrocínios, roubos, homicídios, estupros, sequestros, corrupções e toda sorte de vilanias. Ou isso, ou a barbárie.

VIII

Não obstante, o sistema prisional está em crise, e de fato, não há dados que mostrem outra eficácia da prisão, senão segregar indivíduos antissociais para devolvê-los ainda piores, enredá-los na vida do crime e confirmar-lhes o estigma de imprestáveis. Nesse diapasão Greco assevera:

> Chegamos, portanto, a um ponto em que o sistema prisional deve ser revisto. Alternativas devem ser pensadas. A prisão, como inicialmente idealizada não está cumprindo, as suas funções. Não acrescenta absolutamente nada; pelo contrário, destrói, aniquila a personalidade daquele que, por azar, a conheceu de perto. A prisão gera revolta, pois diferencia, nitidamente, ricos e pobres. Na verdade, está sendo utilizada como um muro de contenção, separando os miseráveis dos socialmente privilegiados, embora ambos, em maior ou menor escala, sejam criminosos. (GRECO, 2015, p. 136)

De todo modo, em que pese seus problemas e inefetividade, conforme já exposto, não se tem ainda concebido uma solução alternativa cabal para a prisão e para a pena privativa de liberdade. O que há, são medidas que, insertas ou correlatas à execução penal tentam promover a humanização do sistema, através da intersecção de elementos como a educação, o trabalho, cursos profissionalizantes, etc.

Nesta categoria, ainda se inserem diversas experiências espalhadas pelo mundo que buscam criar alternativas ao modelo prisional vigente. Estas experiências podem ser melhor qualificadas como abordagens diferenciadas ao modelo prisional, uma vez que ainda pressupõem a segregação prisional como um componente lógico e necessário para a eficácia dos seus métodos.

Aqui no Brasil, por exemplo, há o trabalho desenvolvido nas APAC's, bem como diversos programas encetados por magistrados, como o projeto GRÃO no Rio de Janeiro, entre outros, cujos resultados serão analisados em momento oportuno.

IX

Os paradigmas que delimitam a avaliação do modelo prisional vigente, são variados. Em um extremo, há os que defendem pura e simplesmente a extinção do direito penal e da prisão, colocando como opção viável, a celebração da transação nos termos civis ou ainda uma indenização por parte do Estado (PASSETI, 2006).

Sobre a viabilidade desta posição, outra coisa não é, senão a consagração dos valores de mercado, da ideologia da troca, aplicada a bens insuscetíveis de valoração e câmbio, defendida, ironicamente, por aqueles que mais combatem os ditos malefícios da lógica do capital.

Na outra ponta, há forte movimento nacional e internacional no sentido de recrudescer as penas, ou ainda de torna-las mais efetivas, no sentido de fazer com que os presos de fato, cumpram a pena, trata-se de fortalecer a prisão.

Encontramos, dessa forma, o pacote anticrime (lei 13.964/2019) que busca aperfeiçoar a legislação penal e processual penal, além de decisões do Supremo Tribunal Federal, que flexibilizaram o princípio constitucional da presunção de inocência. Entre outros julgados, pode ser citado o *Habeas Corpus* nº 126292/SP, de relatoria do Ministro Teori Zavascki, julgado pelo plenário do STF em 17 de fevereiro de 2016) (BRASIL, 2016).

Esta posição falece de mais cientificidade em seus postulados, sobretudo em sua sanha de tipificar condutas e introduzir penas sem critérios seguros, o que somente banaliza o direito penal, reduzindo a severidade de suas disposições, produzindo um efeito perverso que retroalimenta a criminalidade.

Com efeito, ocorrendo um fato que se entenda como um "crime", antes que se proceda à tipificação legal do mesmo, entre outras coisas, deve ser questionado: a) constitui de fato um "crime"? já não há lei prevendo tal conduta? Há outras formas mais eficazes de se combater os malefícios de tal prática?

Muitas vezes o que se observa é simplesmente a edição de leis recrudescendo penas de crimes sem nenhum estudo prévio da situação do cumprimento de pena já existente. Se a pena a ser cominada será cumprida da mesma forma que as demais que se encontram em cumprimento, resta evidente que o problema não será resolvido. Grande parte da problemática, não reside em punir mais ou punir menos, mas sim, em cumprir adequadamente a punição já esboçada.

X

Em vista do exposto no tópico precedente, grande parte dos doutrinadores, entende que o problema do sistema carcerário, não radica essencialmente na questão da pena privativa de liberdade ou na própria prisão, sendo a controvérsia mais afeta à administração carcerária (NUCCI, 2020). Nucci adverte:

> Parece-nos que a questão autenticamente relevante não é a alegada falência da pena de prisão, como muitos apregoam, em tese, mas, sim, a derrocada da administração penitenciária, conduzida pelo Poder Executivo, que não cumpre a lei penal, nem a lei de execução penal. Não se pode argumentar com a falência de algo que nem mesmo foi implementado. Portanto, a solução proposta é muito simples: cumpra-se a lei. (NUCCI, 2020, p. 101)

Desse modo, pouco importa a superveniência de qualquer lei ou alteração legal, ou mesmo de um novo sistema de penalização, visto que se este não for plenamente cumprido, tampouco se saberá a sua efetividade.

Segundo a doutrina mais acertada, a lei já contempla os princípios que devem nortear a execução penal, bem como estatui com clareza meridiana, os estabelecimentos adequados para cada regime de cumprimento. Define ainda a assistência integral devida aos presos, os seus direitos e os seus deveres, etc.

A crítica de Nucci, parece certa, visto que não se conhece, salvo melhor juízo e guardadas as devidas proporções, nenhuma prisão onde se tenha cumprido, não somente as regras da lei de execução penal, como também toda principiologia constitucional, que orienta, imperativa e de forma cogente, todo o cumprimento da pena.

Ademais, ainda que a crítica do renomado autor não estivesse totalmente correta, nem por isso, deixaria de apontar um problema já constatado por outros autores. Greco, por exemplo, acentua que falta boa vontade política no cumprimento da lei:

> Enquanto não houver vontade política, o problema da ressocialização será insolúvel. De que adianta, por exemplo, fazer com que o detento aprenda uma profissão ou um ofício dentro da penitenciária se, ao sair, ao tentar se reintegrar na sociedade, não conseguirá trabalhar? E se tiver de voltar ao mesmo ambiente promíscuo do qual fora retirado para fazer com que cumprisse sua pena? Enfim, são problemas sociais que devem ser enfrentados paralelamente, ou mesmo antecipadamente, à preocupação ressocializante do preso. (GRECO, 2017, p. 624)

A questão da ineficácia da pena privativa de liberdade e da prisão, passa pela percepção, por um lado da precária administração carcerária e por outro lado, pela deficiência e ausência de políticas voltadas para a reinserção do egresso na sociedade.

A inaplicabilidade concreta das normas legais, a gestão carcerária deficiente e a captura das prisões pelas facções, entre outros fatores, não autorizam a conclusão de que a pena privativa de liberdade deva ser extinta ou seja ineficaz e menos ainda que a prisão deva ser extinta.

Ao contrário, verifica-se que os pressupostos sociais que autorizaram e legitimaram o surgimento da prisão e a ascensão da pena privativa de liberdade ao patamar de principal reprimenda penal, não só estão presentes na sociedade, como também tem se diversificado. Nesse sentido, a pena privativa de liberdade, não deve ser abolida, senão aprimorada, juntamente com a prisão e os meios de reintegração social do apenado.

Outrossim, apenas para complementação da argumentação, ao lado das deficiências do sistema prisional, bem como da falência de sua administração, devem ser levados em consideração também as questões sociais que antecedem a prisão, e exercem considerável influência no processo de ressocialização, isto é, a falta de condições mínimas de vivência, convivência e sobrevivência em sociedade, tais como: educação, moradia digna, saneamento básico, higidez do núcleo familiar, etc.

Com efeito, o tratamento repressivo levado à cabo pela sanção penal e cumprido no cárcere, constitui apenas uma das frentes de trabalho contra a criminalidade. Mais necessárias que as sanções penais, são as medidas de cunho preventivo, consistentes em ações de inclusão social prévia, através da criação de postos de trabalho em comunidades carentes, de espaços públicos de convivência, de atenção à saúde, moradia e saneamento básico, bem como pelo fomento ao esporte e às artes. Tais medidas desenvolvem no ser humano um cabedal de experiências que constituirão a base de uma personalidade mais resiliente e combativa frente às adversidades do cotidiano social.

Havendo essa convergência de atitudes, preventivas, repressivas e restaurativas, segue-se que uma redução dos níveis de criminalidade e delinquência, surgem como consectários, lógicos e evidentes.

Superada esta matéria, convêm explicitar qual a estrutura física e social do atual sistema prisional brasileiro.

3.2 ESTRUTURA FÍSICA E SOCIAL

Os aspectos estruturais do sistema penitenciário brasileiro podem ser compreendidos a partir de dois eixos de análises distintos. O primeiro está centrado nos estabelecimentos penais que o constituem e nas finalidades definidas em lei para cada um. O segundo eixo, compreende a administração carcerária, ou seja, os órgãos de gestão do sistema.

I

No que tange aos estabelecimentos penais, a matéria é regulada nos artigos 82 ao 104 da Lei de Execuções Penais. Segundo Alexis Couto de Brito, a expressão "estabelecimentos penais", compreende:

> (...) quaisquer edificações destinadas a receber os sujeitos passivos da tutela penal, antes da condenação, durante o cumprimento da pena e após a sua liberação. Nesse contexto incluímos os presos provisórios, os condenados a penas privativas de liberdade ou restritivas de direitos, os inimputáveis e semi-imputáveis submetidos à medida de segurança, e o egresso. Apenas não se incluem aqueles condenados à pena de multa, porquanto não mais sujeitos à privação da liberdade. (BRITO, 2019, p. 366)

A lei 7.210 de 1984 (Lei de Execuções Penais), contempla como estabelecimentos penais os seguintes edifícios: Penitenciária (art. 87); Colônia Agrícola, Industrial ou Similar (art. 91); Casa do Albergado (art. 93); Centro de Observação (art.96); Hospital de Custódia e Tratamento Psiquiátrico (art. 99); e por fim, a Cadeia Pública (art.102).

O art. 82° da Lei em comento, estabelece que esses estabelecimentos, são destinados ao condenado, ao submetido à medida de segurança, ao preso provisório e ao egresso. O art. 83° do referido diploma, diz que "O estabelecimento penal, conforme a sua natureza, deverá contar em suas dependências com áreas e serviços destinados a dar assistência, educação, trabalho, recreação e prática esportiva".

Com relação a penitenciária, nos termos do art. 87 da LEP, "...destina-se ao condenado à pena de reclusão, em regime fechado". A Colônia Agrícola, Industrial ou Similar, "... destina-se ao cumprimento da pena em regime semi-aberto." (art. 91, LEP). No que tange à Casa do Albergado, é destinada aos que cumprem pena em regime aberto, ou cumprem pena com limitação de fim de semana (art. 93, LEP).

O art. 97°, da lei em apreço, estatui que o Centro de Observação, deve ser unidade autônoma instalado em anexo a estabelecimento penal, e destina-se a realização de exames gerais e criminológico (art. 96, LEP). O Hospital de Custódia e Tratamento Psiquiátrico é destinado "aos inimputáveis e semi-imputáveis referidos no art. 26 e seu parágrafo único do Código Penal." (art. 99, da LEP), sendo destinado aos que foram sancionados com Medida de Segurança. Por fim, o art. 102, da Lei de Execuções Penais, estabelece que a Cadeia Pública, "...destina-se ao recolhimento de presos provisórios".

II

Em atenção aos princípios constitucionais da dignidade da pessoa humana e da individualização da pena, a Lei de

Execuções Penais, traz em seu corpo vários preceitos que buscam humanizar a pena. Inicialmente, o art. 84°, estabelece que os presos deverão ficar separados, tanto com relação ao provisoriedade da prisão, quanto com relação aos crimes de que foram acusados. O art.5°, XLVIII, L, da Constituição Federal de 1988, estabelece a diretiva que a legislação infraconstitucional regulamenta, *verbis*:

> XLVIII - a pena será cumprida em estabelecimentos distintos, de acordo com a natureza do delito, a idade e o sexo do apenado; (...) L - às presidiárias serão asseguradas condições para que possam permanecer com seus filhos durante o período de amamentação;

A LEP e outras lei penais ainda prevêem com relação à individualização da pena: a separação dos condenados a penas de reclusão dos condenados à prisão simples (Decreto lei, 3688/41); separação de homens de mulheres (LEP, art. 82, §1°); separação de maiores de 60 anos (LEP, art. 82, §1); a separação de indivíduos que eram funcionários do Sistema de Administração da Justiça Criminal (LEP, art. 84, §2); separação dos presos que estiverem sendo ameaçados (LEP, art. 84, §4°) e a separação dos presos que forem indígenas (Lei 6.001/73).

A individualização da pena parte do princípio de que cada ser humano é único, devendo ser tratado singularmente, conforme as suas idiossincrasias. Por outro lado, é importante notar que esse princípio também atende as circunstâncias de cada crime praticado, visto que as particularidades de cada fato criminoso, como o *modus operandi*, apetrechos utilizados, local onde ocorreu, etc., revelam traços comportamentais, e permitem um tracejo da personalidade do infrator, orientando a dosimetria da pena e os demais aspectos da execução da sanção cominada.

A lei 7.210/84, prevê ainda, que os estabelecimentos penais devem conter alojamentos adequados, com níveis apropriados de salubridade e iluminação, bem como áreas e serviços dedicados à assistência social, áreas de recreação e prática esportiva, local destinado a estágio de estudantes universitários, berçário no caso de estabelecimentos penais destinados a mulheres, salas de aulas do ensino básico e profissionalizante, área destinada a Defensoria Pública, além de lotação compatível com a estrutura e finalidade, etc.

Como resta evidente, a LEP estabeleceu um sistema de medidas coesas, tendentes a fomentar o alcance das finalidades colimadas para a sanção penal. Salta aos olhos, precisamente a dissonância entre as normas que acabamos de descrever e a realidade das prisões.

III

Com relação aos órgãos responsáveis pela administração do sistema prisional ou órgãos da Execução Penal, a Lei de Execução Penal, os elenca no seu art. 61, *in verbis*:

> Art. 61. São órgãos da execução penal:
> I - o Conselho Nacional de Política Criminal e Penitenciária;
> II - o Juízo da Execução;
> III - o Ministério Público;
> IV - o Conselho Penitenciário;
> V - os Departamentos Penitenciários;
> VI - o Patronato;
> VII - o Conselho da Comunidade.
> VIII - a Defensoria Pública. (Incluído pela Lei nº 12.313, de 2010).

A doutrina esclarece que:

> Esses órgãos, que possuem atribuições diferenciadas e não conflitantes entre si, são relevantes para o controle e fiscalização da execução penal e para o fortalecimento do propósito da LEP de ressocialização do condenado e de apoio ao egresso. (AVENA, 2014, p. 110)

Os órgãos listados acima, destinam-se a garantir, fiscalizar e observar o fiel cumprimento dos preceitos legais, assim como os fixados na sentença penal condenatória.

Alguns autores, com acerto, sugerem que a defesa técnica do acusado deveria ser acrescida a esse rol, vez que a advocacia é indispensável à administração da justiça nos termos do art. 133 da Constituição Federal[6], e nesse sentido, à execução penal (NUCCI, 2018).

Convêm acrescentar ainda, que a administração e gestão da Execução Penal, estende-se à responsabilidade do Estado, especialmente através do poder executivo e do poder legislativo, de proceder a criação de estratégias e políticas para desafogar as prisões, e garantir a destinação de recursos para o atingimento das finalidades elencadas na legislação, assim como na edição de leis para reestruturar o sistema prisional e corrigir suas distorções.

3.3 ESTADO DE COISAS INCOSTITUCIONAL

Conforme já exposto, embora a lei contemple uma série de mecanismos e direitos para o apenado, o fato, é que o sistema prisional, tal como se apresenta, não cumpre os requisitos legais mínimos para atingir a finalidade de punir e reintegrar o preso à comunidade de onde saiu.

---

[6] CF/88, Art. 133. O advogado é indispensável à administração da justiça, sendo inviolável por seus atos e manifestações no exercício da profissão, nos limites da lei.

A lei 7.210/84-LEP, define várias formas de assistência ao apenado, incluído nesse elenco, o trabalho e o estudo, contudo, há uma deficiência estrutural, tanto física quanto de pessoal, que inviabiliza completamente a concretização desses preceitos legais.

Essa deficiência do sistema, se por um lado, não permite o cumprimento do disposto na legislação, por outro, concretiza uma plêiade de violações a princípios, valores e regras constitucionais e infraconstitucionais. A realidade que transparece, mostra que se trata de um problema estrutural, crônico e sistêmico, portanto, fundado em muitos fatores, revelando ainda a responsabilidade de muitos agentes.

I

Diante desse quadro, em maio de 2015, o Partido Socialismo e Liberdade-PSOL, ajuizou uma Arguição de Descumprimento de Preceito Fundamental (ADPF nº 347) denunciando o "estado de coisas inconstitucional" no sistema prisional, substanciado a partir da percepção de que as prisões encerram um verdadeiro inferno (BRASIL, 2020).

A situação alegada seria tão grave que desafiaria a intervenção do STF, visto que:

> As prisões brasileiras são, em geral, verdadeiros infernos dantescos, com celas superlotadas, imundas e insalubres, proliferação de doenças infectocontagiosas, comida intragável, temperaturas extremas, falta de água potável e de produtos higiênicos básicos. Homicídios, espancamentos, tortura e violência sexual contra os presos são frequentes, praticadas por outros detentos ou por agentes do próprio Estado. As instituições prisionais são comumente dominadas por facções criminosas, que impõem nas cadeias o seu reino de terror, às vezes com a cumplicidade do Poder Público. Faltam assistência judiciária adequada aos presos, acesso à educação, à saúde e ao trabalho. (BRASIL, 2020, *on line*)

O termo "estado de coisas inconstitucional", foi importado do direito colombiano, onde já gozava de certa tradição. No Brasil, houve polêmicas quanto a aceitação do instituto. Apenas para ilustrar: a posição controversa de Lenio luiz Streck:

> (...), não se pode declarar a inconstitucionalidade de coisas, mesmo que as chamemos de "estado" de ou das coisas. E nem se tem como definir o que é um "estado dessas coisas" que sejam inconstitucionais no entremeio de milhares de outras situações ou coisas inconstitucionais. Do contrário, poder-se-ia declarar inconstitucional o estado de coisas da desigualdade social e assim por diante. (STRECK, 2015, *on line*)

Em que pese esses argumentos, o STF, acatou a tese do estado de coisas inconstitucional, para determinar aos juízes a realização das audiências de custódia no prazo de 90 dias, em obediência ao Pacto dos Direitos Civis e Políticos e da Convenção Interamericana de Direitos Humanos. Determinou ainda a liberação de recursos do Fundo Penitenciário e requisitou à União e ao Estado de São Paulo informações sobre a situação prisional (BRASIL, 2020). O acórdão foi assim ementado:

> CUSTODIADO – INTEGRIDADE FÍSICA E MORAL – SISTEMA PENITENCIÁRIO – ARGUIÇÃO DE DESCUMPRIMENTO DE PRECEITO FUNDAMENTAL – ADEQUAÇÃO. Cabível é a arguição de descumprimento de preceito fundamental considerada a situação degradante das penitenciárias no Brasil. SISTEMA PENITENCIÁRIO NACIONAL – SUPERLOTAÇÃO CARCERÁRIA – CONDIÇÕES DESUMANAS DE CUSTÓDIA – VIOLAÇÃO MASSIVA DE DIREITOS FUNDAMENTAIS – FALHAS ESTRUTURAIS – ESTADO DE COISAS INCONSTITUCIONAL – CONFIGURAÇÃO. **Presente quadro de violação massiva e persistente de direitos fundamentais, decorrente de falhas estruturais e falência de políticas**

públicas e cuja modificação depende de medidas abrangentes de natureza normativa, administrativa e orçamentária, deve o sistema penitenciário nacional ser caraterizado como "estado de coisas inconstitucional". FUNDO PENITENCIÁRIO NACIONAL – VERBAS – CONTINGENCIAMENTO. Ante a situação precária das penitenciárias, o interesse público direciona à liberação das verbas do Fundo Penitenciário Nacional. AUDIÊNCIA DE CUSTÓDIA – OBSERVÂNCIA OBRIGATÓRIA. Estão obrigados juízes e tribunais, observados os artigos 9.3 do Pacto dos Direitos Civis e Políticos e 7.5 da Convenção Interamericana de Direitos Humanos, a realizarem, em até noventa dias, audiências de custódia, viabilizando o comparecimento do preso perante a autoridade judiciária no prazo máximo de 24 horas, contado do momento da prisão.
(ADPF 347 MC, Relator(a): MARCO AURÉLIO, Tribunal Pleno, julgado em 09/09/2015, PROCESSO ELETRÔNICO DJe-031 DIVULG 18-02-2016 PUBLIC 19-02-2016) (grifos nossos)

Desse modo, a partir desse momento, restou judicialmente reconhecido o estado de coisas inconstitucional no sistema penitenciário, o qual decorre da constatação de falhas estruturais, e da "falência de políticas públicas" (BRASIL, 2020).

II

Convêm ressaltar, que desde a referida decisão, o "estado de coisas inconstitucional" (ECI) persiste. As prisões continuam superlotadas, as deficiências estruturais permanecem, as facções continuam dominando, enfim, a crítica de Lenio Streck parece ter se cumprido pelo menos no que tange a pouca eficácia da decisão, visto que o "estado" inconstitucional parece ser o Estado inteiro. Nesse passo:

Se a Constituição não é uma carta de intenções (e todos pensamos que não o é), o Brasil real, comparado com a Constituição, pode ou é um país inconstitucional, na tese de quem defende a possibilidade de se adotar o ECI. Pensemos no artigo 3º (objetivo de construir uma sociedade justa e solidária; a norma do salário mínimo, o direito à moradia, à segurança pública etc). Portanto, vamos refazer o dito: se a Constituição Federal não é uma carta de intenções e se é, efetivamente, norma, então o Brasil está eivado de inconstitucionalidades. Mas, de novo: levando isso a fundo, é o Judiciário que vai decidir isso? E como escolherá as prioridades dentre tantas inconstitucionalidades? (STRECK, 2015, *on line*)

Com efeito, a crítica do renomado constitucionalista, não deve ser desprezada. O reconhecimento judicial de um estado de coisas inconstitucional, apequena e desvirtua o exercício jurisdicional, na medida em que patenteia a ineficácia e pouco alcance das decisões do Tribunal. De Giorgi e Vasconcelos, (2018, p. 485) pontuam que se observa na decisão muito claramente "...a frustração institucional, uma impotência de agir em relação aquilo que se qualificou como um *estado de coisas*".

De fato, a referida declaração, vai na contramão da tradição jurídica ao afirmar a inconstitucionalidade de estados de fato, uma vez que o Constitucionalismo prevê apenas a inconstitucionalidade de leis ou atos normativos.

Por esse entendimento todo comportamento ilícito é inconstitucional. Se levado às últimas consequências tal modo de pensar, a própria aceitação judicial do Estado de Coisas Inconstitucional é inconstitucional posto que flagrantemente contrária ao texto constitucional e à interpretação que se impõe pela sua simples leitura[7].

---

[7] **Art. 97**. Somente pelo voto da maioria absoluta de seus membros ou dos membros do respectivo órgão especial poderão os tribunais declarar a inconstitucionalidade de **lei ou ato normativo** do Poder Público.

Radicalizando a ideia: pensamentos, emoções e até estados de foro íntimo poderiam ser qualificados como inconstitucionais. Com efeito, a referida decisão ampliou o escopo de atuação da jurisdição para declarar como inconstitucional qualquer violação de direito.

Estas divagações mostram o desacerto da decisão: é que os problemas estruturais do sistema criminal, devem ser enfrentados, primeiramente, no âmbito da política, e dos outros poderes da República. Não é à toa que uma das críticas mais vorazes a declaração do ECI, seja justamente a quebra da harmonia e independência entre os poderes.

A ideia de "falhas estruturais" induz a crença em uma certa impessoalidade na identificação da causa da situação-problema. Denota a perseverança de fatores que fogem e refogem ao exercício de qualquer vontade humana para causar ou resolver a situação.

Impõe uma contradição em termos: por falhas estruturais múltiplas o problema é causado, ou seja, não é pela vontade ou má vontade de um indivíduo específico, todavia, pela vontade da corte constitucional esse problema

---

Art. 102. Compete ao Supremo Tribunal Federal, precipuamente, a guarda da Constituição, cabendo-lhe:

I – processar e julgar, originariamente: a) a ação direta de inconstitucionalidade de **lei ou ato normativo federal** ou estadual e a ação declaratória de constitucionalidade de **lei ou ato normativo federal**;

Art. 125. Os Estados organizarão sua Justiça, observados os princípios estabelecidos nesta Constituição. § 2º Cabe aos Estados a instituição de representação de inconstitucionalidade **de leis ou atos normativos** estaduais ou municipais em face da Constituição Estadual, vedada a atribuição da legitimação para agir a um único órgão. (grifou-se).

poderá ser resolvido, embora essa corte reconheça que todos os demais poderes tenham falhado em resolvê-lo.

A evidente circularidade de pensamento expresso na decisão, permitiu que o Judiciário se esvaziasse de suas responsabilidades institucionais ao imputar a causa do problema aos "litígios estruturais" como se "estruturas" pudessem litigar, à "falência de políticas públicas" , como se algo que não foi implementado pudesse falhar, e às questões estruturais de raízes históricas e sociológicas que impossibilitam de identificar apenas um culpado ou os culpados. É sabido, entretanto, que juízes, tribunais, promotores, advogados, delegados de polícia, entre outros operadores da lei, possuem uma parcela de responsabilidade na configuração dos problemas do Sistema Prisional, afora os próprios presos que causam rebeliões e tumultos.

III

A questão referente ao sistema prisional, deve ser enfrentada, não pelos tribunais em princípio, mas pelos agentes públicos e políticos envolvidos diretamente na administração e gestão do complexo penitenciário, visto que a solução dessas questões passa pela análise casuística dos inúmeros casos de violação, que por suas diversas circunstâncias, não permitem uma abordagem genérica e vaga.

Não se trata, nesse sentido, de uma questão em que as leis ou atos normativos são inconstitucionais; e mesmo que fosse esse o caso, a simples incidência direta dos princípios constitucionais ou uma declaração de inconstitucionalidade seria o suficiente para superar o problema. O problema nem mesmo passa, pela declaração da inconstitucionalidade de um "estado de coisas", mas pela ausência de aplicação e cumprimento da legislação constitucional penal. A questão passa, primeiramente pela análise da falência na aplicação de uma legislação, a Lei de Execução Penal. Com efeito, quando se trata de se questionar o cumprimento da norma ou a sua violação, primeiro se aciona o responsável pelo seu cumprimento ou quem deu causa à violação, ou seja, os órgãos de administração descritos na própria lei.

Não se cuida assim, de uma inconstitucionalidade, mas sim de um território em que as normas constitucionais não possuem a necessária incidência, sendo simplesmente violadas e ignoradas. Não se trata de *normas* inconstitucionais sendo aplicadas, ou de "coisas" inconstitucionais, mas de um *locus*, onde vige um sistema alheio às previsões do legítimo ordenamento jurídico.

As prisões e a pena privativa de liberdade *não são* "inconstitucionais". Pelo contrário, frisando o óbvio: o Sistema Prisional e as penas privativas de liberdade possuem assento na Constituição Federal vigente. Ocorre em verdade, pura e simplesmente, o descumprimento da legislação constitucional e infraconstitucional. Se é isto o que ocorre: a violação da norma, a saída não passa pela declaração de inconstitucionalidade, mas sim, a nível judicial, pelo ajuizamento das conhecidas e ordinárias ações para garantir o fiel cumprimento da lei vigente.

Isto posto, passa-se ao estudo dos principais problemas que assolam o sistema prisional, e que inviabilizam por completo o cumprimento das metas e objetivos preconizados na Lei de Execuções Penais, nas leis penais em geral, bem como na Constituição Federal de 1988.

3.3.1 **Principais problemas associados**

A crise do sistema penitenciário, conforme já foi adequadamente esboçado, passa pela percepção de problemas estruturais, que não podem ser creditados apenas na conta da pena de privativa de liberdade ou da prisão. Conforme reconhecido pelo Supremo Tribunal Federal, na ADPF/437, a questão perpassa pela falência da administração carcerária e de políticas públicas, esbarra em questões orçamentárias e na morosidade da própria justiça.

I

Nesse sentido, um dos problemas que mais embaraçam o enfrentamento eficiente das demais situações existentes é a superlotação carcerária. Um simples raciocínio é suficiente para evidenciar que esse problema em grande medida constitui um fundamento para os outros.

Apenas para confirmar a ideia:

> Um levantamento estatístico feito no ano de 2015, com base em dados fornecidos pelos governos dos 26 Estados federados e do Distrito Federal, demonstrou a caótica realidade das prisões brasileiras, chamando a atenção para a superlotação dos presídios do país, um problema que constitui um dos pilares das violações de direitos humanos no interior desses estabelecimentos. (PEREIRA, 2017, p.168)

Os dados estatísticos dão conta de um grande déficit no número de vagas. No Brasil, no ano de 2017 havia 726.412 pessoas encarceradas no Brasil, para cerca de 368.049 vagas disponíveis. O mero confronto matemático é suficiente para mostrar que seria necessário quase o dobro do número de vagas para suprir essa deficiência (MARANHÃO, 2018).

Em 2019, segundo dados do DEPEN-INFOPEN, a população carcerária chegou a 748.009. Desse total, 362.547, estavam cumprindo pena em regime fechado; 133.408, estavam no regime semi-aberto; 25.137, no regime aberto; 250 em tratamento ambulatorial e 4.109 cumprindo Medida de Segurança. Impressiona, sobretudo, o número de presos provisórios: 222.558. (BRASIL, 2020).

Nesse mesmo período o déficit de vagas chegou a 312.925, significando que a falta de vagas acompanha o crescimento da população carcerária. No que tange a um comparativo entre a população masculina e feminina, segundo os dados divulgados por meio da ferramenta digital disponível no site do DEPEN e construída ainda no ano de 2020, do total de presos, 711.080 (95,06%) são do sexo masculino e 36.929 (4,94%), são do sexo feminino (BRASIL, 2020).

As vagas, ainda que insuficientes, são distribuídas da seguinte forma: do total de 442.349 vagas, 409.359, são destinadas aos presos masculinos e 32.990, são destinadas as presas (BRASIL, 2020). À primeira vista, percebe-se que o déficit de vagas é maior entre os presos do sexo masculino, o que mostra pelo menos em tese, uma possibilidade de se resolver o problema do déficit de vagas para as presas, visto que o número de vagas necessárias é menor.

Os dados estatísticos analisados evidenciam a persistência da superlotação, através do aumento constante da população carcerária e proporcionalmente do déficit de vagas, o que permite concluir que os problemas estruturais correlatos e subsequentes devem perdurar.

II

Uma outra questão do sistema prisional, a revelar um distanciamento gigantesco das disposições legais, é a precariedade das instalações físicas. Nesse passo:

> (...) os presídios mostram ser ambientes onde prevalecem a barbárie e a negativa de acesso a diversos direitos básicos. Falta assistência à saúde, água potável e alimentação de qualidade. Ademais, as condições de higiene das celas são extremamente precárias, apresentando infiltrações, falta de iluminação e de ventilação, o que agrava ainda mais as condições de saúde dos presos. São relatados ainda homicídios, tortura e violência sexual, praticados por outros detentos ou por agentes do Estado. (GOURSAND, 2016, p. 6)

As penitenciárias constituem verdadeiras masmorras, onde são lançados os presos, sem as mínimas condições de sobrevivência e higiene. Não obstante, grande parte da sociedade está convencida de que os presos merecem sofrer as mais duras sanções, o que termina por agravar a marginalização.

O entendimento social prevalente, identifica na prisão um local adequado, aonde aquele que violou as regras de convivência possa padecer. A ideia ínsita a semelhante raciocínio é a de que aquele que fez alguém sofrer também merece sofrer. A expressão popular "apodrecer na cadeia", externa exatamente esse sentimento, que é tragicamente cumprido pelas condições desumanas das prisões (PEREIRA, 2017).

Conforme já exposto e esposado em momento anterior, um ambiente adequado ao cumprimento da pena é essencial a concretude das finalidades colimadas pela lei. O que ocorre no interior das prisões, em meio às precárias instalações físicas, *não é o cumprimento da pena*, mas algo diverso, medonho e horrendo, que conduz precisamente a degradação do ser humano apenado, potencializando nele às tendências criminosas.

O ambiente desumano das prisões, não pode desenvolver senão seres desumanos. Se de fato a pena visa ressocializar o condenado, então o ambiente da prisão nas condições como se apresenta, levanta-se frontalmente contra essa disposição.

Frise-se que no Brasil, ainda não se tem condenação eterna. A pessoa é "condenada", não perpetuamente, mas temporariamente. A temporariedade da pena e do cumprimento da pena, implica na possibilidade e esperança de um retorno do criminoso ao seio social. Portanto, no Brasil, o termo "condenado", não possui o peso semântico e etimológico que à primeira vista possa parecer. Mas cuida-se de condenação relativa, cujo sentido a ser tomado é o de "sentenciado" e não de "banido".

III

Não bastasse essa "condenação", os presos ainda encontram os desafios ligados a realização de audiência de custódia, demora no julgamento de recursos, etc. Some-se ainda, a violência institucional que é denunciada na mídia e é sabida de boa parte dos cidadãos.

Com efeito, grande parte dos presos, a depender do crime e da oportunidade, são simplesmente entregues para serem abusados pelos outros detentos, espancados por policiais, etc. Nesse diapasão a doutrina alerta:

> Além do direito à vida e à segurança, muitos outros direitos constitucionais dos presos têm sido violados em razão da precariedade do sistema prisional brasileiro, tais como o direito à integridade física e moral (art. 5º, inc. XLIX), o direito de não ser submetido à tortura nem a tratamento desumano ou

degradante (art. 5º, III), a vedação da aplicação de penas cruéis (art. 5º, XLVII, alínea "e") e o efetivo direito à saúde (CRFB, art. 196), dentre outros. (PEREIRA, 2017, p. 173).

Ante o exposto, resta evidente que, se por um lado os problemas carcerários são resultado de ações e omissões políticas, no mínimo inadequadas, por outro lado, eles terminam por inviabilizar o exercício parcial ou total das garantias e direitos inerentes aos seres humanos que, não obstante, tenham incorrido em ilícitos penais, conservam a sua humanidade.

Por fim, convêm ressaltar que essas problemáticas suscitadas, terminam por inviabilizar os objetivos propostos para a sanção penal, ou seja, nem se pune adequadamente e, por conseguinte, nem se ressocializa o preso.

4 AS FINALIDADES DA SANÇÃO PENAL E O VALOR SOCIAL DO TRABALHO NA CF/88

O capítulo anterior traçou um panorama do sistema prisional, preparando o terreno para as reflexões em torno do trabalho como um dos meios eficazes de reintegrar o preso à sociedade. Os desafios a serem superados são gigantescos, como se pode ver da exposição precedente, contudo, não restam dúvidas de que o trabalho, logicamente associado a outras medidas, pode ser uma ferramenta adequada para minorar os drásticos efeitos das deficiências presentes no sistema prisional, especificamente o (des)cumprimento *inadequado* da pena.

Antes, porém, de adentrar na análise, convêm explicitar os objetivos colimados pela pena, visto que, grande parte das discussões sobre a viabilidade das medidas assistenciais, ofertas de trabalho, estudo, etc., dialogam exatamente sobre essa possibilidade: coexistência de medidas condenatórias e reintegradoras em uma mesma sanção.

4.1 FINALIDADES DA SANÇÃO PENAL

A pena imposta por meio da sentença penal condenatória, presume-se revestida de motivações mais nobres que a vingança pura e simples.

A sanção penal, objetiva pelo menos duas coisas: retribuir o dano e ressocializar o apenado. Nessa retribuição e penalização, estão implicadas a prevenção geral, através da intimidação à coletividade que a sanção provoca, e a prevenção especial, voltada para o delinquente, cujo retorno à sociedade será possível por meio da ressocialização (GRECO, 2017).

I

Rogério Greco fala em três objetivos, postulando que a pena também é destinada a proteger bens juridicamente relevantes. Nesse entendimento:

> Sob a ótica de um Direito Penal voltado para suas consequências, podemos aduzir, na esteira de Hassemer, que os seus três aspectos informadores dizem respeito à: a) proteção de bens jurídicos relevantes; b) prevenção por intimidação (prevenção geral); c) ressocialização (prevenção especial). (GRECO, p. 622)

No entendimento de Masson (2019), contudo, o propósito da pena, volta-se para os dois elementos extraídos do art. 59 do Código Penal, que concretizam a teoria mista da finalidade da pena. Nesse sentido ele aduz que:

> Foi a teoria acolhida pelo art. 59, caput, do Código Penal, quando dispõe que a pena será estabelecida pelo juiz "conforme seja necessário e suficiente para reprovação e prevenção do crime". É também chamada de teoria da união eclética, intermediária, conciliatória ou unitária. (MASSON, 2019, p. 779)

Nucci (2020, p. 512) por seu turno, ensina que a pena "É a sanção imposta pelo Estado, através da ação penal, ao criminoso, cuja finalidade é a retribuição ao delito perpetrado e a prevenção a novos crimes.".

Diante das explicações fornecidas pela doutrina, pode ser afirmado que a sanção penal destina-se a retribuir o delito, prevenir a prática de novos crimes e ressocializar ou reeducar o preso, mediante seu próprio cumprimento, bem como de medidas assistenciais correlatas.

Esta sanção penal, possui caráter de castigo, consistindo em uma correção, cujo objeto é promover uma mudança de comportamento no preso (prevenção). Caso esta mudança seja efetivada, toda a sociedade é beneficiada, visto que aquele que outrora contribuiu para uma desordem social, agora está plenamente integrado às regras de convivência.

Estes nobres propósitos, entretanto, conforme foi explorado no capítulo anterior, esbarram em óbices consideráveis. A superlotação carcerária, o estigma causado pelo processo e pela sanção penal, as condições degradantes dos ambientes prisionais, as facções que dominam os presídios e cooptam os novos presos, a violência e truculência dos agentes de segurança, e vários outros fatores já citados.

II

A criminologia crítica, entretanto, prevê que a pena não possui o intento de ressocializar ou reintegrar o preso, sendo isto tão somente mais uma falácia, um tabu, uma espécie de segredo bem guardado, completamente ignorado pela sociedade.

Defendem, esses autores, que a pena de prisão não fracassou, pois o que se concebe como o seu fracasso, em verdade é o seu maior sucesso e objetivo: a pena pretende exatamente deteriorar e destruir a pessoa do preso, cuida-se, a prisão, de depósito de lixo humano, destinada a selecionar, segregar e destruir a humanidade das classes sociais mais baixas. Em resumo: a prisão é um sucesso. Eis a lição de Trindade:

> Ao contrário de seus fins declarados, a pena prisional tem cumprido, antes de tudo, funções simbólicas e ideológicas do sistema, diferentes de seus objetivos instrumentais.
> Verdade apodítica é que a prisão possui efeitos criminogênicos, como agência nutriz do processo de criminalização secundária e de reincidência criminosa. Exatamente, porque a sua função real, ao contrário do que anuncia, é de "sementeira" de criminalização e de reiteração criminal. (TRINDADE, 2003, p. 57)

Por essa visão, as funções da prisão e da pena privativa de liberdade seriam restritas ao seguinte:

1. Deteriorar e estigmatizar o indivíduo preso, marginalizando-o;

2. O cárcere seria a escola do crime, verdadeiro local onde os presos enveredam pela criminalidade e nela se mantém;

3. A pena é regida pela seletividade, recaindo sobre as classes sociais menos favorecidas, excluindo-as dos bens socialmente produzidos;

4. O cárcere reproduz a ordem capitalista e as suas relações de produção;

5. A pena atenta contra o direito dos indivíduos de serem diferentes;

6. A pena serve para inculcar no preso os valores e o modo de vida do cárcere; ele se torna um eterno prisioneiro, jamais reaprende a viver em liberdade;

7. A pena de prisão e o cárcere estigmatizam, e servem para gravar no indivíduo um rótulo que o acompanha por toda vida e impede a sua reintegração;

A conclusão que se estabelece, em consonância com o "marxismo" mais tradicional, é pessimista: a prisão será necessária enquanto durar a sociedade burguesa, visto que é parte da engrenagem do sistema. Nesse sentido:

> É urgente a transformação radical e a superação das relações sociais de produção, gestadas pelo modelo capitalista. Caso contrário, a prisão continuará existindo, como um teatro de tragédias, silenciosas, apesar de anunciadas, cujos atores serão sempre recrutados, preferencial e seletivamente, nas camadas desfavorecidas da sociedade. (TRINDADE, 2003, p. 60)

Antes de analisar os argumentos e conclusões avençadas pelos criminólogos críticos, convêm tecer-lhes uma crítica. Em leitura desses textos, constatou-se uma enfadonha repetição de ideias, consistentes em simplesmente xingar e esculhambar a prisão e a pena privativa de liberdade. Quanto mais refinada a imprecação, tanto mais louvável. Não obstante, quando parte-se para a conclusão dos trabalhos, as obras ganham uma feição medonha e um pessimismo costuma tomar de conta.

No âmbito da criminologia crítica, os autores tomam uma dessas direções: a) pessimista, alega-se que nada mudará, qualquer tentativa já é parte do sistema, cooptada por ele e apenas reforça a prisão; b) otimista, defendida pelos críticos que acreditam nas penas alternativas, e no caráter mínimo e residual que deve nortear a aplicação da pena de prisão; c) radical, para os que sugerem que somente a extinção do Direito Penal, da pena de prisão e do cárcere pode ensejar a mudança necessária. Estes últimos, podem ser divididos entre os que acreditam que essa extinção é possível durante a vigência do capitalismo e os que acreditam que somente a derrocada do capitalismo pode ensejar essa extinção.

III

Respondendo e ponderando as conclusões e argumentos elencados pela criminologia crítica, conclui-se que:

Quanto à alegação de que a pena serve precisamente para deteriorar os indivíduos, opera-se uma verdadeira inversão.

O que se entende por degradação e deterioração? Se um indivíduo comete um ilícito, não se encontra já deteriorado? Já não houve nesse momento a sua degradação, a sua autodegradação. A pena surge exatamente para retirá-lo dessa circunstância. Assim como um médico, às vezes, precisa fazer um procedimento cirúrgico para curar um paciente, ou ainda ministrar um medicamento com efeitos colaterais graves para sará-lo, da mesma forma, a pena de prisão reveste-se de uma peculiar gravidade, proporcional e necessária, em face do delito perpetrado objetivando a prevenir novos crimes.

De fato, a execução da justiça impõe uma dura contradição: a liberdade vem pelas grades do cárcere, assim como a borboleta que voa livre pressupõe um casulo que a aprisionou.

Outrossim, o dito "sucesso" da prisão, na verdade também não é pleno, vez que há, de fato, muitos presos recuperados, e que conseguiram reintegrar-se na sociedade.

Basta ir nas igrejas, lá esses egressos do sistema prisional, são pastores, líderes de grupos, auxiliares e voluntários; muitos possuem trabalho fixo e remunerado; outros praticam esportes. Há vários que abandonaram os vícios das drogas, do furto e dos crimes em geral.

Igualmente, muitos da sociedade não enveredam pela senda do crime, pois temem o cárcere, o que de fato, comprova a eficácia preventiva da pena privativa de liberdade.

Ademais confunde-se a prisão (cárcere) com a sanção (reprimenda penal). De fato, a prevenção geral e especial, começa pelo temor da sanção e não pelo temor do local de cumprimento da pena. Ainda que o local de cumprimento da pena não fosse uma prisão, a intimidação da sanção continuaria se difundindo socialmente.

Essas conclusões mostram que a pena é imprescindível, visto que os seus resultados são tangentes e necessários. No entanto, o cárcere, historicamente sempre teve utilidade acessória, sendo inicialmente um local de segregação de caráter acautelatório, e posteriormente o local de cumprimento da pena. Portanto, se o que se busca é extinguir o cárcere, a única saída é modificar a pena privativa de liberdade, vez que o cárcere é decorrência lógica e necessária desta. Contudo, a flagrante necessidade social da pena privativa de liberdade, impede por completo a sua extinção e por conseguinte a superação do cárcere.

De todo modo, o cárcere, impõe-se pela necessidade do cumprimento da pena de prisão, e resta ao Estado, agregar a essa fatalidade um caráter de utilidade, disponibilizando ali, medidas de cunho assistencial, visando recuperar os apenados.

IV

Alegou-se que o cárcere é precisamente a escola do crime.

Seria essa a sua finalidade? Recriar e reciclar uma classe de criminosos, para deleitar-se em vê-los sofrer os piores tormentos, em um ciclo infinito? De modo algum. A pena não fomenta o crime, mas repreendi-o e o previne.

O cárcere por sua vez, tem como finalidade o cumprimento da pena, ocorre que ele não reúne ou consegue reunir, todos os elementos necessários para esse adequado cumprimento. A pena é uma necessidade da justiça e uma necessidade do próprio apenado, o Estado apenas administra essa justiça e a sua execução, fornecendo o local (prisão) para o seu fiel cumprimento. Logo, não é a prisão a escola do crime, posto que não é essa a sua finalidade, ocorre que ela congregou em um só lugar os professores do crime e uma miríade de potenciais alunos, e o Estado não tratou de impedir o surgimento de relações entre eles.

O crime é aprendido onde haja um professor e um aluno: na prisão, nas ruas, nos locais de trabalho, nas igrejas, nas empresas, nos governos, nas ONG's, no seio de projetos nobres e louváveis, etc. A criminalidade não é reproduzida exclusivamente em um local, ela é reproduzida onde haja condição para isso.

Não obstante, embora o cárcere seja uma necessidade em virtude do cumprimento da pena, conforme já exposto, não restam dúvidas de que a pena privativa de liberdade também visa a *conservação em vida* do delinquente, o que também só pode ser conseguido, adequadamente, no cárcere, onde o indivíduo está a salvo da sociedade e da vingança gratuita.

V

Foi afirmado que a pena é orientada em sua aplicação pela seletividade, recaindo sobre as classes menos favorecidas, marginalizando-as.

Essa visão está equivocada. A pena é medida que se dirige contra atos ilícitos, o seu alvo é o criminoso, aonde quer que se encontre. Pouco importa quem pratica o ato ilícito, mas sim a ocorrência da violação ao bem jurídico tutelado pela norma.

Pobreza não é crime, cor não é crime, localização não é crime, procedência não é crime, e local de nascimento não é crime. Se os aplicadores da lei tomam essas coisas como crimes, violam a norma e os propósitos da pena, confirmando-os indiretamente, pela sua própria violação.

Outrossim, não é a pena ou o cárcere que marginalizam o indivíduo, mas é a prática do ato criminoso. Ninguém se torna criminoso por ser preso, ou mesmo por cumprir uma pena, mas sim, primeiramente, por praticar um crime e, secundariamente, ao ser condenado. A pena e o cárcere, são momentos onde essa marginalização se intensifica pela segregação ou pelo regime de custódia e vigilância.

VI

Aduz a criminologia crítica que a prisão serve aos interesses capitalistas, reproduzindo em seu interior as suas normas e relações de produção. Remetemos o leitor, neste ponto, para o Capítulo 5, 5.2, V, onde se analisa mais detidamente essa assertiva.

VII

A criminologia crítica sustenta que a pena ofende o direito dos indivíduos de serem diferentes.

É certo que a pena não ofende nenhum direito como esse, visto que o direito penal incide fragmentariamente no corpo social, buscando resguardar uma convivência harmônica entre os seus membros.

Em verdade, a sanção penal não nega a ninguém o direito de ser diferente, mas o de ser criminoso.

O ordenamento jurídico não permite ou tolera a prática de crimes, embora busque restaurar o criminoso. Todas as diferenças lícitas são permitidas, e os crimes não estão contemplados nesta categoria. Sendo o cárcere um lugar de segregação e vigilância extreme, é inviável supor que o indivíduo ali recluso, possa gozar de uma liberdade irrestrita.

VIII

Os criminólogos críticos referem que a prisão ensina o preso a ser um "bom preso", isto é, alguém que incorporou *o modo de vida* do cárcere, sucumbindo a ele, desaprendendo completamente a viver em sociedade.

Deve-se reconhecer o caráter sedutor desta ideia. Chega mesmo a parecer crível que o cárcere de fato produz isto.

Vejamos mais de perto: a) o que torna o ser humano inapto para a vida em sociedade é a prática de fato definido como crime, e não a prisão. O cárcere é o único local atualmente *adequado* ao criminoso que não soube conviver em sociedade, e nisso os próprios criminólogos reconhecem uma verdade e uma amarga necessidade; b) os "valores da vida na prisão", não são construídos pela "prisão", mas pelos presos e demais pessoas que lá estão.

Uma vez rejeitados os valores da sociedade, impõe-se por uma questão lógica, a adoção de um conjunto de valores diferentes, com base em um conjunto de "verdades" diferentes, objetivos e propósitos diferentes, etc. E isto não ocorre somente na prisão, mas em qualquer local onde se reúnam indivíduos que rejeitaram as normas de convivência social.

IX

Por fim, a alegação de que o estigma causado pela pena e pelo cárcere inviabiliza a reintegração do indivíduo deve ser ponderado com mais minúcia e cuidado.

Conforme exposto alhures, o primeiro e mais sério estigma é causado quando o fato criminoso é praticado: ali já houve a aposição da *marca,* e aquele indivíduo já sofre uma primeira reprimenda da sociedade. Inicialmente, a sociedade se distancia e isola o indivíduo criminoso, e em segundo lugar, sendo violado o princípio da confiança que permeia as relações sociais, o corpo social o considera indigno de qualquer crédito, passando a se proteger do mesmo, e a vê-lo como um inimigo.

Isolado, o indivíduo geralmente encontra amparo ao lado de outros que estão em situação similar: descobre-se então a extensa rede criminosa que se alonga por todo corpo social, do cimo ao baixo, dos pobres aos ricos, das favelas aos palácios.

Visualizam-se os pontos de contato entre esta e aquela, como se fossem múltiplos acordos de tolerância e leniência. Regras e mais regras se desenham: a histórica sobrevivência da criminalidade no seio da sociedade, e da própria sociedade no meio da perversidade, acabou por forjar mecanismos para a subsistência de um tenso equilíbrio normativo, que constitui no aproveitamento das forças da sociedade pelo crime e no aproveitamento das forças do crime pela sociedade.

Essa situação, evidencia um escalonamento do grande corpo social em três níveis: a sociedade dos valores do pacto, entendida como aquela que prescreve os ideais de justiça e verdade de forma intransigente e contínua; a sociedade dos contratos e negociações, entendida como a que permitiu a sobrevivência do crime e da violência, mediante mútuas concessões, acordos e recíprocas benesses; a sociedade da perversão e das violações ao pacto, compreendida com aquela onde impera um código distinto e um conjunto de valores diferentes dos da ordem prescrita, visto que, os valores da ordem estabelecida, constituem os seus contrários, e a sua condenação à inexistência, de sorte que, estar fora da ordem, é negar-se o direito de existir, é condenar-se a um mundo de desordens, cuja máxima expressão de plausibilidade são os tênues acordos e arranjos celebrados com os detentores de poder na ordem vigente.

Para o pacto reinante, as partes que celebram esses acordos, se enquadram no pior tipo de crime: o que tenta criar e impor a indigesta e insustentável figura do casamento do bem com o mal, da luz com as trevas, da violação da norma com o seu cumprimento.

Embora boa parte da sociedade sobreviva nesses pontos de tensão, de acordos e contratos com a criminalidade, o ideal que *ainda* orienta as leis e a reprimenda penal, é baseada na acepção jusnaturalística de justiça.

Disto, em essência, decorre a inadequação social de todo delinquente: sua violação é ofensa à ordem das coisas no pacto, sendo impossível sua subsistência plena na sociedade, mesmo que mediante concessões. A maior evidência disso, é que os acordos celebrados com os criminosos, são secretos e impenetráveis, cobertos por inúmeras camadas de proteção.

Os supostos proveitos, individuais e coletivos, destas negociatas, são extremamente frágeis e precários, por que não são firmados em nenhum elemento de ordem, mas, precisamente em elementos de desagregação.

A marginalização do criminoso, seja no cárcere, seja fora dele, é apenas a consequência de seu constante alheamento e distanciamento dos valores que se encontram no centro da ordem.

Esses valores centrais não se confundem com os difundidos pelo poder econômico ou político. Pelo contrário, a essa carga axiológica central e perene, todos esses poderes devem constantes explicações; perante esses valores, os poderosos chegam para se justificar, e tentam negociar e barganhar pela riqueza, pelo poder ou pela utilidade, caindo sempre em auto-engano.

A maior face desse equívoco é precisamente a tentativa de escapar dele, visto que nada pode ser estabelecido, senão firmando-se em elementos da ordem. Trata-se de serrar o próprio galho.

Tome-se como exemplo a celebração de um acordo com o crime organizado, para lucrar com o tráfico e ao mesmo tempo beneficiar uma comunidade. Celebra-se esse acordo, que viola a confiança e lealdade do pacto, ao mesmo tempo, em que ele é firmado com base na lealdade e confiança recíproca entre aqueles que o celebram.

Ante o exposto, é evidente a autoalienação do criminoso. Com efeito, a postura da sociedade ante o crime é reativa e não ativa. Primeiro ela reage, e nessa reação, o indivíduo que cometeu o crime já está marginalizado. Após isto, a sociedade, por meio de seus representantes, pune o infrator, confirmando a sua condição, e oportunizando a ele uma chance de reintegração social.

X

Apenas para complementar toda a argumentação exposta, questiona-se: o que seria a norma, nessa perspectiva?

A norma é precisamente o liame que conecta o Ser da ordem ao Dever-ser da desordem. É a ponte que possibilita o trânsito entre os dois reinos.

A norma, pelo seu cumprimento atesta a satisfação da ordem, e pelo seu descumprimento, a permanência ou condução do delinquente, ao reino da desordem. Quanto mais se reitera o descumprimento da norma, tanto mais marginalizado se torna, até ao ponto em que todos os elementos da ordem, que sustentam o ser das coisas no reino do dever-ser, se pervertem a tal ponto que se consuma a autodestruição da desordem.

Com efeito, a desagregação, a perversão ou a violação, não possuem autossustentação, ou substâncias próprias: suas características marcantes são, exatamente, a ausência de quaisquer ou de todos os elementos que conformam a ordem estabelecida.

A violação surge na ausência do cumprimento, a perversão na ausência da dignificação, a desagregação na ausência da agregação.

O hiato criado pela ausência da virtude, é preenchido pela incidência da norma, que repreende a incorreção, buscando restaurar o equilíbrio na ordem violada, mediante a sanção.

XI

Em vista do exposto, a criminologia crítica se torna inviável em seus postulados, mormente os preconizados no novo marco teórico, não por que seja crítica, mas sim por que, em verdade, não o é.

É essencialmente autodestrutiva, pois ao denunciar as perversões existentes na pena privativa de liberdade e na prisão, ao mesmo tempo, pugna por ações que apenas potencializam essas perversões.

Com efeito, a mudança que é proposta ali, não visa a algo faticamente possível ou atingível, nem mesmo do ponto de vista lógico ou fictício. É impossível descrever ou viver esse mundo pressuposto nas entrelinhas das conclusões e argumentos levantados por essa criminologia.

XII

Uma vez aclarados os objetivos da sanção penal, consta que o legislador estabeleceu alguns instrumentos para tentar alcançar o ideal preventivo e ressocializador da pena. A Lei de Execução Penal, traz um leque de ferramentas que, se implantadas e fomentadas, podem converter-se em meios adequados à consecução da plena reinserção social do apenado.

Nesse diapasão, os art. 10 e 11 da Lei de Execução Penal, evidenciam medidas assistenciais, destinadas a prevenção do crime e a reintegração social do apenado, *verbis*:

> Art. 10. A assistência ao preso e ao internado é dever do Estado, objetivando prevenir o crime e orientar o retorno à convivência em sociedade.
> Parágrafo único. A assistência estende-se ao egresso.
> Art. 11. A assistência será: I - material; II - à saúde; III -jurídica; IV - educacional; V - social; VI - religiosa.

Outrossim, a partir do art. 28, a lei 7.210/1984 (LEP), estabelece e prescreve o trabalho como uma das formas de se promover a dignidade humana do preso. Essas normas derivam diretamente dos mandamentos preconizados no texto constitucional, notadamente os que fundam o próprio Estado Democrático de Direito, constante no art. 1º, IV, da Carta Política de 1988.

Na esteira dos valores sociais do trabalho e da livre iniciativa estampados na Constituição Federal de 1988, exsurge, por oportuno, o estudo e análise dos mecanismos principiológicos constitucionais, destinados a orientar e promover o trabalho como instrumento de dignificação e socialização do homem, mormente do apenado.

4.2 PRINCÍPIOS CONSTITUCIONAIS INCIDENTES

Os princípios são concebidos como valores que devem orientar a aplicação, interpretação, e a edição de novos diplomas legislativos. Possuem o escopo de insinuar um conjunto de axiomas que se revestem de caráter universal, devendo incidir diretamente às relações fáticas subjacentes (NUCCI, 2015).

I

É imperioso ressaltar que o constituinte originário resolveu fincar o valor social do trabalho, no título I, que é dedicado aos princípios fundantes da própria ordem democrática, ou seja, cuida-se de princípio estruturante do próprio Estado Democrático de Direito.

Ante essa constatação, transcreve-se os artigos pertinentes:

Art. 1º A República Federativa do Brasil, formada pela união indissolúvel dos Estados e Municípios e do Distrito Federal, constitui-se em Estado Democrático de Direito **e tem como fundamentos**: I - a soberania; II - a cidadania; III - a dignidade da pessoa humana; **IV - os valores sociais do trabalho e da livre iniciativa;** (Vide Lei nº 13.874, de 2019) V - o pluralismo político. Parágrafo único. Todo o poder emana do povo, que o exerce por meio de representantes eleitos ou diretamente, nos termos desta Constituição. (grifou-se)

É curial, assinalar que o princípio mencionado, figura ao lado do macroprincípio da Dignidade da Pessoa Humana, o que sua ratifica a sua capital importância. Comentando os princípios fundamentais da República Federativa do Brasil, a doutrina leciona que:

Os princípios fundamentais, na condição de espécie das normas constitucionais, são dotados, portanto, de eficácia e aplicabilidade, sendo normas jurídicas vinculativas, ainda que sua força jurídica não seja igual (em todos os aspectos) à das regras ou mesmo das normas de direitos fundamentais que, a despeito de terem uma dimensão objetiva (e quanto a tal ponto se aproximam dos princípios essencialmente objetivos, como é o caso dos princípios fundamentais aqui versados), assumem a condição de direitos subjetivos. (SARLET; MARINONI; MITIDIERO, 2018, p. 272)

O valor social do trabalho substancia garantia e direito dos cidadãos frente ao Estado, que possui o dever de assegurá-lo e protege-lo. Convêm notar ainda, que o valor social do trabalho estabelecido na Constituição Federal, está voltado para a realização das satisfações coletivas e individuais (SILVA; SÉLLOS-KNOERR, 2015).

Nessa perspectiva:

Assim, embora a Constituição adote um sistema capitalista de produção, o faz atrelada a premissas sociais, assegurando, v.g., a propriedade privada na medida em que esta cumpra sua função social. Verifica-se, pois, que sua axiologia coaduna-se à ruptura com o Estado liberal puro, bem assim com a introdução do discurso ressocializador na esfera jurídico-penal. Com efeito, uma das formas de se alcançar tal objetivo – em harmonia com o texto fundamental de nossa República – é a promoção do trabalho (SILVA; SÉLLOS-KNOERR, 2015, p. 145).

O trabalho não mais pode ser considerado como um assunto estritamente privado, vez que impregnado de valor social, constituindo um dos meios de se alcançar o estabelecido no art. 3º, III, CF/88: "Constituem objetivos fundamentais da República Federativa do Brasil: III - erradicar a pobreza e a marginalização e reduzir as desigualdades sociais e regionais;".

Na mesma senda, o art. 170 da Constituição Federal de 1988, preceitua que:

> Art. 170. A ordem econômica, fundada na valorização do trabalho humano e na livre iniciativa, tem por fim assegurar a todos existência digna, conforme os ditames da justiça social, observados os seguintes princípios: (...) II - propriedade privada; III - função social da propriedade;(...) VII - redução das desigualdades regionais e sociais; (...) VIII - busca do pleno emprego;

Observa-se que a Constituição Cidadã, forneceu mecanismos e princípios que prestam-se a assegurar uma distribuição equânime dos bens e produtos socialmente produzidos, consagrando o modo capitalista de produção como adequado ao Estado Democrático de Direito, embora entranhado em valores de caráter mais social.

De fato, o sistema capitalista mostra-se vocacionado ao aproveitamento máximo das forças produtivas pelo trabalho, com consequente aumento na produção e circulação de bens. Com o objetivo de orientar melhor essas potencialidades do modo capitalista a Constituição estabeleceu parâmetros e princípios mínimos para a um dimensionamento social efetivo dos bens produzidos.

II

Convêm ainda refletir sobre o direito ao trabalho como consectário lógico do valor *social* do trabalho. Como consequente do que já foi aduzido linhas acima, ou seja, de que o valor social do trabalho é instrumento de dignificação humana, e *constitui direito subjetivo* dos cidadãos, é correto concluir que o ser humano, possui direito inalienável ao trabalho. Nesse diapasão:

> O direito fundamental ao trabalho, como direito social básico e formulado em termos amplos, está sediado no Capítulo II (Dos direitos sociais) da CF, no caput do art. 6.º. A esse enunciado geral soma-se um rol significativo de disposições constitucionais, igualmente sediado no título dos direitos fundamentais, versando sobre aspectos mais ou menos específicos da proteção ao trabalhador e de direitos dos trabalhadores, com destaque para o art. 7.º, contemplando um extenso elenco de direitos e garantias dos trabalhadores urbanos e rurais, e que, em combinação com os arts. 8.º a 11 (liberdade sindical, direito de greve e participação dos trabalhadores na gestão da empresa), formam, no seu conjunto, as linhas mestras do regime constitucional do direito fundamental ao trabalho. (SARLET; MARINONI; MITIDIERO, 2018, p. 703)

Outrossim, sendo o trabalho, um direito fundamental, nota-se que o Estado está obrigado a assegurá-lo. É dessa perspectiva que surge o trabalho para os apenados como um *direito constitucionalmente assegurado*, e não como uma imposição oriunda da pena imposta.

A adoção de políticas voltadas para a implementação de trabalho e emprego aos detentos vai de encontro às diretivas constitucionais que preconizam o trabalho como possuindo um valor social e uma missão na sociedade.

Nesse ponto a doutrina ratifica o sobredito:

> O trabalho sempre esteve inserido na vida da sociedade. O trabalho, seja ele manual ou, intelectual, garante ao indivíduo dignidade dentro de seu meio familiar e social. Como não poderia deixar de ser, o trabalho do preso encontra-se inserido dentro desta ótica que vincula o trabalho à existência digna do ser humano. (PONTIERI, 2011, p. 9)

Diante desse fato, a Constituição Federal de 1988, estatuiu uma série de medidas para concretizar os direitos relativos ao trabalho. Essas garantias constitucionais encontram-se principalmente no art. 7º da Carta Política de 1988. Comentando o importante catálogo de direitos sociais, previstos no artigo em apreço Sarlet, Marinoni e Mitidiero (2018, p. 706) sustentam que:

> Na sua função positiva o direito ao trabalho poderá não implicar um direito subjetivo a um lugar de trabalho (um emprego) remunerado na iniciativa privada ou disponibilizado pelo Poder Público, mas certamente se traduz na exigência (no dever constitucional) de promover políticas de fomento da criação de empregos (postos de trabalho), de formação profissional e qualificação do trabalhador, entre outras tantas que poderiam ser referidas e que são veiculadas por lei ou programas governamentais ou mesmo no setor privado.

O Estado possui, nessa dimensão, uma função criativa, ou seja, o ente estatal não deve ser omisso, deixando a geração de emprego e renda somente na responsabilidade dos particulares. Contudo, deve orientar seus esforços no sentido de implementar esse direito fundamental.

Com efeito, com o advento das Constituições programáticas e dirigentes, bem como do Estado Democrático de Direito, não se cogita mais de um Estado alheio e desatento às circunstâncias de vida de seus cidadãos. O Estado deve promover a melhoria e a qualidade de vida dos habitantes do seu território a partir da materialização dos direitos e garantias fundamentais.

Em que pese essas constatações, é necessário atentar, entretanto, que o trabalho há de ser guiado por princípios e garantias, do contrário pode transformar-se em instrumento de alienação e dominação. Nesse passo, é interessante a lição dos especialistas na temática:

> Contudo, apesar de o trabalho ter essa conotação, também é visto como um imperativo social e é entendido como uma organização social que traz uma série de sofrimentos para o ser humano. Estudos elaborados na França, por Dejours (1987), destacam como a estrutura do trabalho é responsável por consequências danosas e pelo sofrimento psicológico do trabalhador. (CORREA; SOUZA, 2016, p. 131)

É nesse aspecto, que o Estado não pode deixar de estabelecer parâmetros mínimos de regulação nas atividades laborais, sob pena do trabalho converter-se em meio de transtornos supervenientes.

Obviamente, essa regulação não pode exceder aquilo que seja suficiente para seus próprios propósitos, sob pena de esvaziar completamente as diretrizes constitucionais que incentivam a geração de emprego e renda.

Se as considerações precedentes são pertinentes ao trabalho dos indivíduos livres, resta evidente que o trabalho do preso, o qual encontra-se custodiado, necessita de mais atenção, vez que a Constituição vedou a utilização de penas de trabalhos forçados, ou em condições desumanas e degradantes. Isto posto, é imperioso que as diretrizes preconizadas tanto, na Constituição Federal, quanto na Lei de Execução Penal, sejam satisfeitas, de forma a garantir que o trabalho cumpra a sua função social.

4.3 TRABALHO DO PRESO E A DIGNIDADE DA PESSOA HUMANA

No tópico anterior, considerou-se o valor do trabalho para a sociedade, a partir da sua inserção no título I, art. 1º, IV, da Constituição Federal de 1988. Nota-se que o trabalho está umbilicalmente ligado à realização plena do ser humano como ser social e gregário que produz seu próprio universo.

I

Com efeito, é cediço, à luz da principiologia constitucional, que o trabalho é um instrumento para a concretude da dignidade humana. Isso não quer dizer que o ser humano que não trabalhe, não tenha dignidade, significa antes que uma das dimensões dessa dignidade é visualizada através da ocupação laboral (SARLET; MARINONI; MITIDIERO, 2018).

Nessa senda, é importante a reflexão em torno do princípio da dignidade da pessoa humana, uma vez que é a partir dele que o Estado Democrático de Direito se concretiza publicamente, ou pelo menos deveria se concretizar. Na dicção de Nucci:

> A referência à dignidade da pessoa humana, feita no art. 1.º, III, da Constituição Federal, "parece conglobar em si todos aqueles direitos fundamentais, quer sejam os individuais clássicos, quer sejam os de fundo econômico e social". É um

> princípio de valor pré-constituinte e de hierarquia supraconstitucional. (NUCCI, 2015, p. 30)

Do excerto transcrito, verifica-se que a importância do mencionado princípio radica na sua abrangência e eficácia, vez que ele prescreve parâmetros pelos quais se pode ponderar as condutas e adotar medidas adequadas, social e individualmente, para os casos conflituosos. Dito de outro modo, a dignidade da pessoa humana, constitui vetor interpretativo, a guiar a própria dinâmica constitucional (SARLET; MARINONI. MITIDIERO, 2018).

De fato, o Princípio da Dignidade da Pessoa Humana, se reveste de uma importância central na atual quadra histórica. Ele possui implicações indispensáveis na abordagem constitucional, uma vez que ele conforma a própria visão que se deve ter do ser humano.

Entende-se que a Dignidade Humana se coloca como uma pressuposição lógica e axiológica para qualquer abordagem jurídica subsequente.

O ser humano no âmbito do direito considera-se sempre provido de uma inalienável dignidade, mediante a qual, independentemente de sua condição ou *status*, ele sempre reclama um tratamento idôneo. A aquisição desta condição não perpassa pelo preenchimento de outros requisitos que não o de ser humano. Logo, a dignidade humana se impõe pela simples existência do indivíduo.

Note-se, contudo, que é por essa mesma dignidade que *se exige* dos seres humanos um agir virtuoso, pois quem tem dignidade, deve agir com dignidade. Daí a agressão à pessoa humana, ao seu patrimônio, aos seus valores, constituir uma infâmia, um crime, reclamando uma justa reprimenda.

Do exposto conclui-se que o macroprincípio da Dignidade da Pessoa Humana, orienta todas as facetas dos relacionamentos humanos, desde as ações até as reações, e é por ele que se pode apurar com equidade, aquilo que desborda da justiça para a injustiça.

II

A doutrina contempla diversas dimensões e aplicações do princípio da dignidade da pessoa humana. De modo geral, de uma perspectiva objetiva, a dignidade pode referir-se as condições de vivência e convivência em sociedade. A convivência social deve atender aos requisitos mínimos para uma existência digna, devendo estar fundada em condições concretas.

Este primeiro sentido, guarda relação com a presença "de um mínimo existencial ao ser humano, atendendo as suas necessidades vitais básicas, como reconhecido pelo art. 7º, IV, da Constituição..." (NUCCI, 2015, p. 30).

De uma perspectiva subjetiva, a dignidade está associada à estima e respeito que se deve prestar a qualquer ser humano, independentemente de qualquer circunstância, pois onde:

> "...houver um ser humano, há aí um indivíduo com o direito de viver, mesmo que o ordenamento jurídico não se dê ao trabalho de o proclamar explicitamente. Se o ordenamento jurídico reconhece como seu valor básico o princípio da dignidade da pessoa humana e se afirma a igualdade como consequência precisamente dessa dignidade, o direito à vida está necessariamente aí pressuposto. (MENDES; BRANCO, 2018, p. 230)

Nesse prisma, não pode a condição lastimável do cárcere ou do crime eventualmente praticado, justificar a defesa de que o condenado a pena privativa de liberdade, perdeu o seu direito de ser tratado dignamente. A doutrina ensina que se trata de princípio básico, que orienta o tratamento ao próximo de forma humana e benigna (NUCCI, 2015).

Nessa perspectiva, impõe-se aos detentos um tratamento consentâneo com a dignidade esposada no texto constitucional, bem como na Lei de Execução Penal. Constitui, outrossim lugar comum na doutrina e jurisprudência pátria a lição de que os direitos do preso, não atingidos pela condenação, devem ser preservados (GRECO, 2017).

III

Por outro lado, o princípio em comento interage diretamente com a noção imposta pelo princípio da humanidade das penas. Comentando esse princípio Nucci assevera que:

> Retribuir o mal do crime com uma maldosa pena deixa de constituir virtude para assumir o papel de vilania, equiparando o Estado à figura do agressor, situação que o deslegitima a atuar em nome do Direito e da Justiça. Se os maus sentimentos ainda são constantes nos seres humanos, dada a sua natural imperfeição, não se pode cultivá-los e incentivá-los a integrar o campo das leis, onde idealmente o justo prevalece e a benemerência é a sua razão de ser. Não se constrói um sistema normativo voltado ao lastimável estado de espírito inferior, permeado de sentimentos comezinhos e negativos; ao contrário, as leis devem espelhar a riqueza da meta a ser buscada, lastreada na perfeição do lado humano positivo, como forma de incentivo à civilidade, em convivência fraterna. (NUCCI, 2015, p. 155)

Com efeito, não pode a situação do cárcere atentar contra os mais básicos princípios do direito penal ou constitucional. A prisão há de ser um local destinado, evidentemente ao cumprimento da sanção penal, conforme preceitua o art. 1º da Lei de Execução Penal, todavia, ali devem ser respeitados todos os direitos não atingidos pela pena imposta, com destaque especial para a integridade física e moral dos presos.

Superado este ponto, resta adentrar na perspectiva constitucional do trabalho como instrumento de dignificação do homem, bem como na análise da vedação à pena de trabalhos forçados e sua diferenciação do trabalho do preso previsto na Lei de Execução Penal.

4.4 PENA DE TRABALHOS FORÇADOS E O TRABALHO DO PRESO

A Constituição Federal no art. 5º, XLVII, "c", veda de forma expressa a pena de trabalhos forçados. O dispositivo, consagra uma faceta do Princípio da Dignidade da Pessoa Humana, concretizada através do princípio da humanidade das penas.

Para melhor tratamento da matéria, cumpre transcrever o art. referido, *in verbis*:

> XLVII - não haverá penas:
> a) de morte, salvo em caso de guerra declarada, nos termos do art. 84, XIX;
> b) de caráter perpétuo;
> **c) de trabalhos forçados;**
> d) de banimento;
> e) cruéis; (grifou-se).

Na diretriz preconizada no texto maior, resta cristalino que o legislador constituinte quis expressamente, estabelecer uma execução penal "constitucional", isto é firmada em diretrizes e valores guiados pela constituição.

Esta execução constitucional, implica em uma série de restrições impostas aos órgãos gestores e aplicadores da sanção criminal. A Constituição Federal, de forma cabal e expressa, tratou de vedar, as penas infamantes, as de caráter perpétuo, as penas capitais, bem como a imposição de trabalhos forçados.

Por outro lado, o comando constitucional não pode justificar a *ausência* de políticas voltadas à promoção do trabalho dos presos, visto que a atividade laboral constitui um direito fundamental a ser prestado pelo Estado.

Nesse passo, do cotejo das variantes apresentadas surge a seguinte ponderação:

> O que a Constituição Federal quis proibir, na verdade, foi aquele trabalho que humilha o condenado pelas condições como é executado. Não poderá qualquer autoridade responsável pela execução penal determinar o espancamento dos condenados para forçá-los ao trabalho, ou mesmo suspender sua alimentação, visando, assim, a compeli-los a cumprir aquilo que lhes cabia fazer. (GRECO, 2017, p. 165)

Ante isto, *não se deve confundir*, o trabalho do preso, o qual é dever do apenado, portanto, trabalho *não* forçado, previsto no art. 39, V, da Lei de Execução Penal, com os trabalhos forçados que a Constituição Federal está claramente vedando.

I

Questão interessante diz respeito à pena de prestação de serviços à comunidade. Visto que a pena é uma imposição retributiva, em tese, *forçada* e imposta ao indivíduo, pois sua cogência deriva da força monopolizada pelo Estado (*jus puniendi*), não se estaria diante de uma pena de trabalhos forçados?

Não seria "inconstitucional" o dispositivo da própria Constituição que (art. 5º, XLVI, "d") que instituiu a pena de prestação de serviços à comunidade? A doutrina esclarece que:

> Não é correto alegar a inconstitucionalidade da pena de prestação de serviços à comunidade ou entidades públicas, sob o fundamento de constituir-se em inaceitável pena de trabalhos forçados (CF, art. 5.º, XLVII, "c"), por dois motivos fundamentais. Em primeiro lugar, a prestação de serviços tem amparo constitucional, fruto do Poder Constituinte Originário (art. 5.º, XLVI, "d"), afastando, assim, a argumentação de inconstitucionalidade. Como se sabe, não há norma constitucional inconstitucional quando instituída originariamente pelo texto constitucional. Além disso, essa pena restritiva de direitos representa um benefício ao condenado, que pode ou não desempenhar as tarefas atribuídas, optando pela pena substitutiva ou então pela reconversão à pena privativa de liberdade. (MASSON, 2019, p. 1054)

Sendo assim, não se pode alegar que a pena de prestação de serviços à comunidade, seja uma espécie de trabalho forçado, visto que ela possui caráter substitutivo e não obrigatório. Há, de fato, a possibilidade de o preso recusar a pena substitutiva, contudo, essa recusa dificilmente ocorre, uma vez que aos olhos do apenado é mais vantajoso o trabalho livre do que o ócio no cárcere.

II

No que tange à exigência legal do trabalho, a Lei de Execução Penal estabelece que é falta grave a negativa injustificada do preso ao trabalho (art. 51, III c/c o art. 39, V, LEP). Prescreve a perda de vários benefícios, inclusive a progressão de regime e o livramento condicional (MASSON, 2019).

Nesse diapasão, o aparente conflito entre os dispositivos, deve ser tratado, a partir de uma hermenêutica conciliatória, pautada numa interpretação sistemática dos dispositivos constitucionais que evidenciam o valor social do trabalho, o trabalho como um direito fundamental e o preceito constitucional que veda a pena de trabalhos forçados.

Num esforço sintético, a questão pode ser resumida da seguinte forma:

a) O preso possui direito fundamental ao trabalho;

b) O Estado deve garantir esse direito ao preso, através de ofertas concretas de trabalho;

c) O trabalho deve ser ofertado, jamais imposto ou forçado;

d) Uma vez disponível a oferta de trabalho, o preso deve trabalhar, pois este é um dos seus deveres;

e) A recusa injustificada do preso ao trabalho, deve ser punida;

Isto ocorre por que a custódia dos presos é qualificada por vários fatores, que devem ser harmônicos e páreos entre si. De um lado, por exemplo, o preso possui o direito ao trabalho e de outro ele tem o dever de trabalhar. O trabalho é uma necessidade humana individual e social, revestida de um caráter primário, e como tal, se constitui em dever de todo ser humano.

Tal fato é evidente, e defendido por todos os grandes sistemas civilizatórios. Consideremos, por exemplo, o ensino apostólico no cristianismo:

> **10** Porque, quando ainda estávamos convosco, vos mandamos isto: **que, se alguém não quiser trabalhar, não coma também.**
> **11** Porquanto ouvimos que alguns entre vós andam desordenadamente, não trabalhando, antes, fazendo coisas vãs.

12 A esses tais, porém, mandamos e exortamos, por nosso Senhor Jesus Cristo, que, trabalhando com sossego, comam o seu próprio pão.[8] (grifou-se).

Sendo o trabalho, o elemento vital para a subsistência humana, é perfeitamente racional que a sua recusa constitua uma infração apta a atrair a tutela do direito, e a consequente reprimenda pelo comportamento inadequado. No próximo capítulo essas questões serão oportunamente aprofundadas.

---

[8] 2 Tessalonicenses 3:10. Ver também os clássicos ensinos do judaísmo, em Pv 6:6-11.

5 O TRABALHO E REINTEGRAÇÃO SOCIAL: ASPECTOS CRÍTICOS E EFICÁCIA

Restou evidente, pela análise precedente, que o trabalho foi alçado a um patamar elevado na Constituição, devido a sua fundamental importância, seja para a economia, seja pela sua função social distinguida na concretização da dignidade da pessoa humana.

Dito isto, convêm analisar o tratamento jurídico que o trabalho recebeu na Lei de Execução Penal. A seguir será estudado o direito e o dever que o preso possui de trabalhar, bem como a eficácia desse direito e dever para retirá-lo da marginalidade, assegurando para ele, um retorno à sociedade.

5.1 A DISCIPLINA DO TRABALHO NA LEI DE EXECUÇÕES PENAIS

Conforme exposto, em capítulo anterior a Lei 7.210/1984-LEP, que instituiu as regras a serem observadas no transcurso da execução penal, disciplina a matéria entre os seus artigos 28 a 37, abrangendo os objetivos colimados para o trabalho do preso, o trabalho interno ou intramuros e o trabalho externo ou extramuros.

I

Em um primeiro momento, cumpre reiterar que o trabalho é um dos direitos do apenado não atingidos pela pena imposta, motivo pelo qual remanesce para o Estado o dever de prestá-lo.

Isso é o que se depreende do previsto no art. 3º da Lei de Execução Penal:

Art. 3º Ao condenado e ao internado **serão assegurados todos os direitos não atingidos pela sentença ou pela lei.**
Parágrafo único. Não haverá qualquer distinção de natureza racial, social, religiosa ou política. (grifou-se).

Nesse diapasão, o preso efetivamente deve gozar desse direito. Em que pese essa assertiva ser verdadeira, conforme exposto alhures, o trabalho nos termos da Lei de execução Penal, é também um dever do apenado, *sendo obrigatório*.

Trazendo um conceito de trabalho do preso, Avena explicita:

> Considera-se trabalho a atividade desempenhada pelos presos ou internados dentro ou fora do estabelecimento prisional, sujeita à devida remuneração. Tendo em vista sua função ressocializadora e a circunstância de que o trabalho se apresenta como fator de recuperação, disciplina e aprendizado para a futura vida profissional, sua realização é prevista como um direito (art. 41, II, da LEP) e ao mesmo tempo um dever do condenado no curso da execução da pena (art. 39, V, da LEP).

O trabalho do preso deve ser entendido como um direito e um dever respectivamente. No primeiro caso, por que subjaz implicitamente o reconhecimento da capacidade laboral, bem como a presença do valor intrínseco da dignidade humana que todos possuem.

No escólio de Brito:

> A partir de suas qualidades, o trabalho deverá ser obrigatoriamente oferecido pelo Estado, de natureza produtiva e deverá perdurar pelo prazo comum de uma jornada regular de trabalho, mantendo-se, o máximo possível, em semelhança ao regime e condição dos que são oferecidos no mercado. O mandamento das Regras Mínimas é para que o exercício de uma atividade profissional possa manter ou aumentar a capacidade do detento em prover-se após sua liberação.

> Aqueles que necessitarem – especialmente os mais jovens – receberão formação profissional de modo a aproveitá-la futuramente. (BRITO, 2019, p. 196)

Deve ser citado, à luz desse raciocínio, o Decreto n° 9.450/2018, que instituiu a Política Nacional de Trabalho no âmbito do Sistema Prisional (PNAT), e prevê regras voltadas para a reinserção de presos ou egressos do sistema penitenciário, especialmente nos quadros da administração pública. Nesse sentido é o art. 6° do referido Decreto:

> Art. 6° Para efeito do disposto no art. 5°, a empresa deverá contratar, para cada contrato que firmar, pessoas presas, em cumprimento de pena em regime fechado, semiaberto ou aberto, ou egressas do sistema prisional, nas seguintes proporções: I - três por cento das vagas, quando a execução do contrato demandar duzentos ou menos funcionários; II - quatro por cento das vagas, quando a execução do contrato demandar duzentos e um a quinhentos funcionários; III - cinco por cento das vagas, quando a execução do contrato demandar quinhentos e um a mil funcionários; ou IV - seis por cento das vagas, quando a execução do contrato demandar mais de mil empregados.

O Decreto referido possui relevância extreme, vez que possibilita a concretização das diretrizes estampadas na constituição e na legislação infraconstitucional, possibilitando ao Estado o cumprimento da oferta de trabalho aos detentos.

No segundo sentido, constatou-se que o trabalho é importante fator para adquirir a autodisciplina e a educação, além de fornecer os meios básicos para o retorno ao convívio social. O trabalho possui o condão de minorar o estigma produzido pela sentença penal condenatória, bem como pela prisão (BRITO, 2019).

Diante disso, a doutrina leciona que "...A finalidade de submeter o condenado ao trabalho não é a de agravar a pena, mas a de respeitar a dignidade humana daquele que possui capacidade para exercê-lo." (BRITO, 2019, p. 193).

O trabalho enquanto dever do apenado, coloca-se também como consectário de sua dignidade, pois é digno e honroso que o preso trabalhe. Conforme exposto em momento anterior: dos seres que possuem dignidade se espera um comportamento digno.

II

Não obstante, há doutrinadores que entendem não ser conveniente taxar o trabalho como um dever para os presos.

Isso porque, a obrigatoriedade do trabalho, tende a estimular precisamente o ócio, ao tornar o trabalho um fardo ou obrigação, esvaziando completamente o significado da norma em questão (ROIG, 2018). Nesse diapasão, o jurista assevera, que é inconstitucional o gravame imposto ao preso que se recusa a trabalhar:

> Com base nestas premissas, é possível afirmar que a punição pela não realização do trabalho é inconstitucional e anticonvencional, uma vez que ninguém pode ser obrigado ao exercício de atividade laborativa, o que feriria a autonomia da vontade individual, além de constituir (em sentido material) trabalho de cunho forçado. (ROIG, 2018, p. 87)

Com efeito, semelhante argumentação não merece prosperar. Primeiro por que, o trabalho em qualquer situação reclama um esforço para vencer o ócio, do contrário não se chamaria "trabalho". Laboro, ofício, profissão, todas estas palavras implicam em um conjunto de atividades incompatíveis com a passividade.

O indivíduo antissocial, entende melhor o significado do que é viver em sociedade quando experimenta precisamente aquilo que caracteriza um dos pilares da vida social. Eis a necessidade extreme do trabalho.

Em segundo lugar, o que estimula o ócio é exatamente a noção de que é possível viver sem recorrer ao trabalho. Nada é mais deletério que essa insinuação, mormente se se considera o caráter primário e vital do trabalho.

Em terceiro lugar, uma justificativa prática para esse dever consiste na obrigação que o preso possui de arcar com as consequências do seu crime, minorando os danos que causou e recompondo o eventual patrimônio das vítimas. Tal obrigação consta expressamente na legislação[9]. Veja nesse sentido a dicção do art. 29, §1º, "a", da LEP:

> Art. 29. O trabalho do preso será remunerado, mediante prévia tabela, não podendo ser inferior a 3/4 (três quartos) do salário mínimo.
> § 1º O produto da remuneração pelo trabalho deverá atender:
> a) **à indenização dos danos causados pelo crime**, desde que determinados judicialmente e não reparados por outros meios; (grifou-se).

---

[9] Art. 387 do Código de Processo Penal: O juiz, ao proferir sentença condenatória: IV - fixará valor mínimo para reparação dos danos causados pela infração, considerando os prejuízos sofridos pelo ofendido;
Veja ainda o disposto no Art. 5, XLV, da CF/88: nenhuma pena passará da pessoa do condenado, **podendo a obrigação de reparar o dano e a decretação do perdimento de bens ser, nos termos da lei, estendidas aos sucessores e contra eles executadas**, até o limite do valor do patrimônio transferido; (grifou-se).

De outra banda a custódia dos presos gera vultuosos gastos aos cofres públicos. Consigne-se que essas despesas são compartilhadas por todos os cidadãos. É justo, portanto, que os presos, também na condição de cidadãos, custeiem as suas despesas pessoais e, na medida do possível, recomponham os cofres públicos. Veja o teor das alíneas "c" e "d" do artigo anterior:

> Art. 29. (...) § 1º O produto da remuneração pelo trabalho deverá atender:
> c) a pequenas despesas pessoais;
> d) **ao ressarcimento ao Estado das despesas realizadas com a manutenção do condenado**, em proporção a ser fixada e sem prejuízo da destinação prevista nas letras anteriores. (grifou-se).

Por fim, se o trabalho do preso não fosse um dever, a situação do cárcere espelharia no mínimo uma contradição, pois todos à volta do preso, trabalham, pagam contas e sustentam suas famílias, não lhes sendo facultado escolher trabalhar ou não trabalhar, visto que se está diante, frise-se, de uma necessidade vital.

Para os que entendem contrariamente, entretanto, o preso poderia *decidir* se trabalha ou não, visto que, embora o trabalho seja um direito fundamental, ele pode renunciá-lo, vivendo ociosamente às custas dos demais cidadãos. Tal situação mostra-se insustentável, reclamando a afirmação do trabalho como um dever do apenado.

Com efeito, o preso, no mais das vezes, também possui filhos e família, contas a pagar, e possui o dever legal de sustentar e prover as necessidades dos seus familiares. Não se vislumbra como poderia arcar com essas responsabilidades, senão pelo trabalho.

Ante todo o exposto, conclui-se que o trabalho é um dever social[10] imposto a todo ser humano e, enquanto tal, constitui um dever a ser compartilhado por todos. Desta situação, ninguém pode se desobrigar, nem mesmo os indivíduos submetidos à custódia do Estado[11].

III

Cumpre anotar ainda, que a finalidade do trabalho prevista na lei é dupla: educativa e *produtiva* (art. 28, LEP). Como meio educativo, é essencial o exercício efetivo do trabalho, uma vez que se apreende o seu valor, precisamente com a sua prática.

De fato, o detento, somente entenderá o significado e importância do trabalho quando estiver trabalhando. Isto a mais elementar inteligência nos ensina. Quando se trabalha, até o ócio também ganha um sentido positivo, posto que se insere dentro da dinâmica do trabalho-descanso.

Esse aprendizado, somente a experiência concreta do labor pode produzir e aprofundar na personalidade.

No que tange ao aspecto produtivo do trabalho, igualmente só se percebe o valor do resultado do trabalho, quando se produz algo útil e bom, mediante o esforço laborativo. A ideia de produtividade e valor, ínsita a qualquer

---

[10] LEP, Art. 28. O trabalho do condenado, como **dever social e condição de dignidade humana**, terá finalidade educativa e produtiva. (grifou-se).

[11] CF/88, art. 5°, VIII - ninguém será privado de direitos por motivo de crença religiosa ou de convicção filosófica ou política, salvo se as invocar para eximir-se de **obrigação legal a todos imposta** e recusar-se a cumprir prestação alternativa, fixada em lei;

trabalho, é completamente ignorada, em sua substância, por quem não trabalha.

O engenho e produtos do crime (roubos, astúcia no estelionato, atos preparatórios para capturar a vítima em um sequestro, etc.), não oferecem o menor vislumbre do que seja um trabalho produtivo, sobretudo por que eivados da ilicitude.

O caráter produtivo do trabalho conecta-se, em essência, ao que é bom e lícito. O trabalho é atividade que possui repercussões profundas no corpo social, mormente por fazer circular bens e serviços que suprirão as necessidades dos demais indivíduos.

Cuida-se de dever social abrangente, precisamente por garantir benefícios recíprocos, para os destinatários do ofício produzido. É à luz desse entendimento que o trabalho pode e deve ser visualizado como algo estritamente bom.

O labor é mais que mero esforço fisiológico ou mecânico, é sobretudo um movimento voltado ao que é lícito e benéfico. Constitui um valor fundante da sociedade democrática por que estribado em sua patente utilidade e eficiência na superação de problemas do corpo social.

O trabalho como algo produtivo, de fato, liga-se ao potencial que o labor possui de criar, modificar e desenvolver positivamente as relações interpessoais ao estabelecer vínculos sociais mais consistentes e estáveis, especialmente fortalecidos por uma conexão de mútuo suporte e reciprocidade.

Se é este o valor do trabalho, então a sua previsão como Direito Fundamental do ser humano e dever social, restam plenamente justificadas.

IV

Outrossim, por expressa disposição constitucional, conquanto não seja aplicado ao trabalho penitenciário a Consolidação das Leis do Trabalho, o preso faz jus a todos os direitos previstos no art. 7º, da Constituição, uma vez que o texto constitucional não fez distinção entre os detentores de tais direitos. Nesse sentido:

> Pertinente observar também, na linha de raciocínio de Marco Ruotolo, que uma coisa é sustentar a exigência de uma diferenciação de modalidade ou forma de fruição de um direito em razão do estado detentivo do seu titular, outra coisa é não garantir um direito, reconhecido pela Constituição sem distinção de qualquer espécie, pelo só fato da subsistência do estado detentivo. Com base nessas premissas, não há outra conclusão senão a de reconhecer aos presos todos os direitos contidos no art. 7º da CF ou, no mínimo, que haja compensação correspondente. (ROIG, 2018, p. 86)

No que tange às regras aplicáveis ao trabalho do apenado, a Lei de Execuções Penais, estabelece em seu art. 29, que "O trabalho do preso será remunerado, mediante prévia tabela, não podendo ser inferior a 3/4 (três quartos) do salário mínimo."

Deve ainda ser suficiente para atender à indenização dos danos causados pelo crime (§1º, "a", art. 29, LEP); à assistência à família (§1º, "b", art. 29, LEP); a pequenas despesas pessoais (§1º, "c", art. 29, LEP); ao ressarcimento ao Estado das despesas realizadas com a manutenção do condenado, em proporção a ser fixada e sem prejuízo da destinação prevista nas letras anteriores (§1º, "d", art. 29, LEP). As tarefas, entretanto, que forem prestadas como serviço à comunidade não serão remuneradas (art. 30, LEP). Nesse sentido, a doutrina ensina que:

> Não se pode olvidar ainda que a remuneração pelo trabalho possui caráter alimentar (encontrando fundamento no próprio princípio da humanidade) e que, além de constitucionalmente adequada, a elevação da remuneração oriunda do trabalho penitenciário também cumpriria mais eficazmente os próprios fins do pagamento (art. 29, § 1º): indenização dos danos causados pelo crime, assistência à família do preso, pequenas despesas pessoais e ressarcimento ao Estado das despesas realizadas com a manutenção do condenado. (ROIG, 2018, p. 87)

Parte da doutrina sustenta ainda a não recepção do dispositivo pela atual constituição, visto que impõe restrição ao salário mínimo a ser recebido em flagrante dissonância com o estabelecido na Carta Política no seu art. 7º, nesse sentido:

> O dispositivo merece uma interpretação à luz da Constituição Federal de 1988 e ser assumido como não recepcionado pela nova ordem constitucional. O direito ao trabalho é previsto constitucionalmente no artigo inaugural do texto maior. O art. 1º da Constituição Federal eleva à condição de valor fundamental do Estado brasileiro o valor social do trabalho e da livre iniciativa. Como direito fundamental é exposto no art. 5º, XIII, como a liberdade do exercício de qualquer trabalho, ofício ou profissão, atendidas as qualificações profissionais que a lei estabelecer. (BRITO, 2019, p. 199)

Nucci, também ironiza a previsão do dispositivo: "Se o valor percebido pelo preso dever ser de, pelo menos, ¾ do salário mínimo, a listagem de destinações do produto é irreal." (NUCCI, 2018, p. 55).

Com efeito, se nem o salário mínimo estabelecido aos trabalhadores livres consegue sequer tangenciar todos os direitos e deveres previstos na Constituição, quanto mais uma fração desse reduzido montante.

Nesse diapasão, a crítica formulada ao salário estipulado para os presos, merece acolhida, pois parece afrontar o Princípio da Igualdade em suas dimensões, formal e material, especialmente quando subvaloriza o trabalho do preso.

Se o trabalho que o preso realiza em condições similares ao oficiado pelo restante da sociedade, produz os mesmos resultados e proveitos, não subsiste nenhuma justificativa plausível para a diferença salarial prevista na lei.

Em verdade, o trabalho, enquanto um dado objetivo e de realização objetiva, deve ser apreciado equitativamente à luz da isonomia, afim de que os que desempenhem as mesmas atividades percebam o mesmo ganho.

V

Com relação ao trabalho interno, assim estatui o art. 31 da LEP:

> Art. 31. O condenado à pena privativa de liberdade está ***obrigado* ao trabalho na medida de suas aptidões e capacidade**.
> Parágrafo único. Para o preso provisório, o trabalho não é obrigatório e só poderá ser executado no interior do estabelecimento.

O dispositivo, além de estabelecer o trabalho como obrigação, busca concretizar por outro lado o princípio da individualização da pena, visto que delimita o trabalho às aptidões e capacidade do apenado.

Como se observa, o trabalho do preso *provisório* é facultativo, restringindo-se às atividades internas. Esse tratamento é justificado pela provisoriedade da prisão o que impede a fixação laboral do detento provisório no ambiente interno ou externo da prisão.

A especificação do trabalho interno dos apenados, é dado pelo art. 32° da LEP, dispondo que: "Na atribuição do trabalho deverão ser levadas em conta a habilitação, a condição pessoal e as necessidades futuras do preso, bem como as oportunidades oferecidas pelo mercado."

Ponto polêmico da lei é o dispositivo previsto no art. 32, §1°, da lei em comento, o qual prevê que "Deverá ser limitado, tanto quanto possível, o artesanato sem expressão econômica, salvo nas regiões de turismo.".

Há quem entenda ser o dispositivo, inconstitucional, visto que se estaria cerceando o livre exercício de profissões, bem como uma das poucas oportunidades de o detento exercer as suas aptidões e vocações laborais. Esse entendimento é esposado por Roig (2018, p. 88), para quem:

> Em que pese a preocupação com a natureza útil do trabalho penitenciário, a indicação trazida pelo art. 32. § 1°, da LEP de que "deverá ser limitado, tanto quanto possível, o artesanato sem expressão econômica, salvo nas regiões de turismo" é flagrantemente inconstitucional, por cercear uma modalidade de trabalho que, ainda sem robusta expressão econômica, possui certa valia financeira para o preso e que, em muitos casos, é a única saída para aqueles que desejam exercer alguma atividade laborativa. Limitar o trabalho artesanal e – o que é pior – vedar a remição neste caso é afrontar a própria dignidade humana.

Em sentido contrário ao posicionamento externado, Avena pondera que:

> (...) é por essa razão – necessidade de agregar qualificação profissional – que a LEP restringe a prática do artesanato, quando consistente na confecção de peças ou objetos de pequeno valor, considerando que, salvo nas regiões estimuladas pelo turismo, tal atividade não se mostra rentável a ponto de possibilitar com base nela o sustento futuro do ex-

> preso e de sua família (art. 32, § 1º). Observe-se, porém, que a lei não proíbe completamente o exercício da atividade artesanal, estabelecendo apenas que deve esta ser limitada tanto quanto possível. Logo, poderá ser exercida se o preso não apresentar aptidão para outras tarefas ou se não houver a possibilidade de desempenhá-las por qualquer outro motivo (p. ex., a ausência dos instrumentos necessários, falta de material etc.). (AVENA, 2014 p. 64)

Este último posicionamento soa mais coerente com o objetivo da lei. O legislador demonstrou preocupação com a sobrevivência pós-cárcere do apenado. Em um país como o Brasil, as expressões artísticas em geral são pouco apreciadas, isto se torna mais evidente se se considera a época em que a Lei de Execução Penal foi concebida.

Todavia, é preciso interpretar o dispositivo em comento, dentro de uma perspectiva histórica, levando em consideração que esse contexto pode ter se alterado significativamente em várias regiões do país.

Deve ficar claro, em resumo, que essa orientação legal, não deve incidir a tal ponto que inviabilize por completo o exercício de algum ofício pelo preso, ou a consecução de seus direitos legais.

VI

Superado este ponto, os parágrafos do artigo em apreço, estabelecem importantes restrições e medidas de adequação trabalhista aos diferentes grupos de presos do sistema prisional.

Nesse passo, o §2º, estabelece que os maiores de 60 anos poderão solicitar atividades adequadas à sua idade; o §3º, prescreve que os doentes ou deficientes físicos somente exercerão atividades apropriadas ao seu estado.

O art. 33°, da LEP, estatui por seu turno a jornada de trabalho a ser obedecida. O comando é no sentido de não ser inferior a 6 horas e nem superior a 8 horas[12].

A esse respeito a doutrina esclarece que somente a jornada normal de trabalho, poderá redundar no benefício da remição (AVENA, 2014). Entretanto, há decisões do Supremo Tribunal Federal reconhecendo a remição em caso de jornada de trabalho inferior as 6 horas, ou seja, de 4 horas.

Eis a ementa do julgado:

> Recurso ordinário constitucional. Habeas corpus. Execução Penal. Remição (arts. 33 e 126 da Lei de Execução Penal). **Trabalho do preso. Jornada diária de 4 (quatro) horas. Cômputo para fins de remição de pena. Admissibilidade. Jornada atribuída pela própria administração penitenciária. Inexistência de ato de insubmissão ou de indisciplina do preso. Impossibilidade de se desprezarem as horas trabalhadas pelo só fato de serem inferiores ao mínimo legal de 6 (seis) horas.** Princípio da proteção da confiança. Recurso provido. Ordem de habeas corpus concedida para que seja considerado, para fins de remição de pena, o total de horas trabalhadas pelo recorrente em jornada diária inferior a 6 (seis) horas. 1. O direito à remição pressupõe o efetivo exercício de atividades laborais ou estudantis por parte do preso, o qual deve comprovar, de modo inequívoco, seu real envolvimento no processo ressocializador. 2. É obrigatório o cômputo de tempo de trabalho nas hipóteses em que o sentenciado, por determinação da administração penitenciária, cumpra jornada inferior ao mínimo legal de 6

---

[12] Art. 33. A jornada normal de trabalho não será inferior a 6 (seis) nem superior a 8 (oito) horas, com descanso nos domingos e feriados.

Parágrafo único. Poderá ser atribuído horário especial de trabalho aos presos designados para os serviços de conservação e manutenção do estabelecimento penal.

(seis) horas, vale dizer, em que essa jornada não derive de ato insubmissão ou de indisciplina do preso. 3. **Os princípios da segurança jurídica e da proteção da confiança tornam indeclinável o dever estatal de honrar o compromisso de remir a pena do sentenciado, legítima contraprestação ao trabalho prestado por ele na forma estipulada pela administração penitenciária, sob pena de desestímulo ao trabalho e à ressocialização.** 4. Recurso provido. Ordem de habeas corpus concedida para que seja considerado, para fins de remição de pena, o total de horas trabalhadas pelo recorrente em jornada diária inferior a 6 (seis) horas" (RHC 136.509-MG, 2.ª T., rel. Dias Toffoli, 04.04.2017) (grifos nossos)

O disposto no par. único do artigo 33º, admite que "Poderá ser atribuído horário especial de trabalho aos presos designados para os serviços de conservação e manutenção do estabelecimento penal.". Nesse passo, é assente que os trabalhos realizados no âmbito das repartições da penitenciária, deverão ser computadas para fins de remição.

A regra encerra hipótese de cabimento de horário especial de trabalho, com possibilidade de ampliação da remição, pelo aproveitamento das horas que ultrapassarem o limite de 8 horas, bem como pelo trabalho nos dias de descanso. A propósito a doutrina noticia que a remição se dá, nesse caso, na proporção de um dia de pena para cada 6 horas extras (AVENA, 2014).

O trabalho interno poderá ser gerido por Fundação ou Empresa pública nos termos do art. 34º, caput, da LEP. Interessante previsão consta do §2º do mesmo artigo, ao prevê a possibilidade de celebração de parcerias do poder público com a iniciativa privada, no que tange a implantação de oficinas de trabalho referentes a setores de apoio dos presídios.

VII

Com relação ao trabalho externo, Avena aduz, partindo de uma percepção finalística, que o "Trabalho externo é aquele realizado fora da prisão, fundamentando-se na circunstância de que a oportunidade de trabalho é fator fundamental para o reingresso progressivo do apenado na sociedade." (AVENA, 2014, p. 65).

Nesse diapasão, despõe o art. 36, da Lei de Execução Penal:

> Art. 36. O trabalho externo será admissível para os presos em regime fechado somente em serviço ou obras públicas realizadas por órgãos da Administração Direta ou Indireta, ou entidades privadas, desde que tomadas as cautelas contra a fuga e em favor da disciplina.
> § 1º O limite máximo do número de presos será de 10% (dez por cento) do total de empregados na obra.
> § 2º Caberá ao órgão da administração, à entidade ou à empresa empreiteira a remuneração desse trabalho.
> § 3º A prestação de trabalho à entidade privada depende do consentimento expresso do preso.

Conforme o dispositivo, esse trabalho deve ser realizado *somente* em serviço ou obras públicas realizadas por órgãos da Administração Direta ou Indireta, ou para entidade privadas, desde que tomadas as cautelas contra a fuga e em favor da disciplina.

Com relação ao conceito de obras públicas, nestas "compreendem-se as construções realizadas por iniciativa das autoridades públicas para uso público ou como um serviço público." (AVENA, 2014, p. 65).

É importante, portanto, diferenciar a obras públicas do serviço público, bem como dos serviços de interesse público (AVENA, 2014).

Devido a necessidade de escolta policial, considerando ainda a periculosidade de alguns presos, há doutrinadores que se posicionam pela excepcionalidade das disposições do referido artigo. Nesse sentido, Nucci (2018) aduz que a deficiência estrutural das prisões obriga o Estado a aproveitar a mão de obra dos presos nas ruas. Ele insiste:

> Não deve ser a regra, mas a exceção. O ideal, como vimos defendendo em notas anteriores, é que o Estado providencie, dentro dos estabelecimentos penais (regimes fechado e semiaberto), as condições e instalações necessárias para o desempenho do trabalho obrigatório dos sentenciados. Não há sentido na inserção do preso em serviços externos, especialmente quando se cuidar de condenados perigosos, com penas elevadas a cumprir, deslocando-se um número razoável de agentes de segurança para evitar fugas, a pretexto de não haver local próprio dentro do presídio (NUCCI, 2018, p. 59).

Em posição oposta, encontra-se Roig (2018), para quem o dispositivo é compatível com o livre exercício do trabalho, atendendo a uma finalidade social, bem como contribui para a concretização da dignidade da pessoa humana. Nesse passo, ele leciona que:

> A possibilidade de evasão do apenado constitui motivação deficiente para o indeferimento do trabalho externo, pois este deve ser fundamentado em dado concreto, que demonstre que o condenado efetivamente empreenderá fuga. Caso contrário, estar-se-á adotando a finalidade de neutralização, característica da condenável prevenção especial negativa. Por fim, há que se considerar que o preso é sujeito de direitos e que cabe ao Estado reduzir todos os entraves ao livre exercício do trabalho, na medida em que este é princípio fundamental da República (inc. IV do art. 1º), base da ordem social brasileira (art. 193), direito social (art. 6º da CF), dever social e condição de dignidade humana (art. 28 da LEP), além do que sua valorização é um dos fundamentos da ordem econômica (art. 170 da CF). (ROIG, 2018, p. 91)

Nucci (2018, p. 59) aduz que o modelo adotado é a "consagração da falência do sistema carcerário, pois tal método de cumprimento de pena equivale ao regime aberto, ou seja, o presídio, para o regime fechado, torna-se (...)Casa de Albergado".

A questão envolvendo o trabalho externo dos presos, passa pela compreensão de que a lei ao estabelecer os parâmetros mínimos de segurança para sua realização, pressupôs uma atividade excepcional, dependente da presença de todos os requisitos previstos na lei.

Não se deve esquecer que os presos estão sob a custódia do Estado, e é dever deste, garantir o fiel cumprimento da pena, a qual se reveste de interesse público e social. Nesse passo, as limitações ao trabalho externo são explicáveis pelas circunstâncias que qualificam o trabalho dos detentos.

No que tange ao limite de 10% de presos na obra imposto pelo §1º, do art. 35º, da LEP, a doutrina divide-se entre os que defendem o limite, e os que consideram injustificável a restrição.

Nesse sentido, ilustrando o primeiro posicionamento, temos Nucci, para quem a medida:

> (...) representa, mais uma vez, um demonstrativo da preocupação legislativa em prol da segurança, evitando-se fugas e garantindo-se a disciplina. Não se poderia controlar, a contento, evitando-se, inclusive, rebeliões eficientes, um contingente de 100 presos, por exemplo, em uma obra com outros 100 empregados. Entretanto, entre 1000 trabalhadores, é viável acolher um máximo de 100 condenados, formando nítida minoria dentre todos. (NUCCI, 2018, p. 60)

Uma vez mais Nucci aponta a direção correta. Embora o preso tenha direito ao trabalho, esse direito precisa ser compatibilizado com o cogente cumprimento da pena, de modo que não se pode lançar mão de um exercício irrestrito desse direito por alguém que está sob custódia e responsabilidade do ente estatal.

Em resumo, se não se pode presumir uma maldade ínsita nos presos a ponto de se evitar que os mesmos trabalhem externamente, tampouco se pode presumir que o Estado cumpre as suas responsabilidades ao permitir o trabalho dos custodiados de forma incompatível com o cumprimento da pena.

VIII

Um outro ponto de debate é a alegação, por parte da doutrina, de que a ocupação dos presos nas obras públicas seria justificada pela mão-de-obra mais barata, em comparação com um trabalhador convencional, o que terminaria na prática, por aumentar o desemprego entre os cidadãos honestos (BRITO, 2019).

Nesse prisma, do outro lado, situa-se o pensamento de Alexis Brito (2019), para quem, o preso possui direito subjetivo a oportunidades de trabalho, às quais devem ser prestadas pelo Estado, não cabendo a alegação de aumento do desemprego. Nesse passo:

> Respeitando a posição dos citados autores, não concordamos com o argumento. Basta lembrar que a disputa pela vaga no mercado de trabalho ainda dependerá das capacidades dos candidatos ao emprego, seja ele condenado ou cidadão livre. Assim, não há qualquer justificativa para limitar o percentual de vagas em obras públicas, desde que se garanta liberdade de competição e se empregue o que demonstrar melhores condições para o trabalho. (BRITO, 2019, p. 207)

Como se observou anteriormente, a questão nodal passa pelo cotejo de dois elementos: de um lado, há o direito do preso ao trabalho e do outro há o dever do Estado em assegurar a custódia dos apenados com vista ao cumprimento da pena.

A ponderação dessas variáveis evidencia que em princípio o ideal seria oportunizar o trabalho no ambiente interno da prisão, pois se alcançariam os dois propósitos sem maiores dificuldades. Excepcionalmente, em obras públicas, poderia ser empregado o trabalho dos presos, mediante a adoção de medidas tendentes a assegurar as finalidades da pena, entre elas a retribuição ao delito perpetrado, o que se alcança, quando o apenado cumpre adequadamente a sua sanção penal.

Na execução do trabalho externo, o preso deverá guardar todas as suas responsabilidades, afim de gozar dos benefícios legais. Outrossim, para que possa ter a oportunidade de realizar o trabalho *externo*, deve atender ao previsto no art. 37º, da LEP, segundo o qual "... dependerá de aptidão, disciplina e responsabilidade, além do cumprimento mínimo de 1/6 (um sexto) da pena."

O parágrafo único do mesmo artigo ainda ressalva a possibilidade de revogação da medida, caso o preso "...vier a praticar fato definido como crime, for punido por falta grave, ou tiver comportamento contrário aos requisitos estabelecidos neste artigo.".

IX

De resto, cumpre fazer apenas algumas ressalvas estabelecidas na própria lei em análise.

Inicialmente o art. 200°, contempla curiosa previsão no sentido de que "O condenado por crime político não está obrigado ao trabalho.". Parte da doutrina considera que esse dispositivo não foi recepcionado pela atual normatividade preconizada pela Constituição.

Nesse sentido é a lição de Brito:

> Diante do princípio da isonomia, não vemos motivos para que o condenado por crime dessa natureza não se submeta ao trabalho, como qualquer outro condenado. Até mesmo a prisão especial garantida àquelas pessoas que por uma qualidade pessoal façam jus termina com o trânsito em julgado da sentença condenatória, transferindo-se o condenado ao estabelecimento comum. Aqui não se trata de um curto prazo, como acontece com as Contravenções Penais, e que pode ser ignorado pela ausência de contribuição à execução da pena. Entendemos que esse artigo não foi recepcionado pela Constituição Federal, por ofender crucialmente o princípio da igualdade ou isonomia. (BRITO,2019, p. 2019)

Partilha-se desse entendimento integralmente. Não se observa nenhum motivo capaz de justificar semelhante previsão legal. De fato, o permissivo legal estabelece um tratamento discriminatório incompatível com o Estado Democrático de Direito ao criar uma classe diferenciada de presos por uma questionável qualificação e mediante a concessão de *supostas* "regalias".

Situações como essas envergonham a República, criam hostilidades entre as pessoas e grupos e mostram a, pura e simples, subserviência da lei aos caprichos e mimos de uma elite política que não quer trabalhar em nenhum sentido.

O artigo em análise em tudo foi infeliz! Subjaz em essência a velha crença de que o trabalho é uma carga, um instrumento de alienação, exploração e humilhação. Parece induzir a crença, aliás bastante comum, de que o trabalho manual e o trabalho intelectual se revestem de valores diferentes. Empresta à classe política uma distinção inexistente, e fomenta o corporativismo entre os que exercitam o poder político. Com efeito, é necessário assentar os pés da classe política no chão.

Não bastasse, a lei, nesse ponto, inverte a finalidade do cumprimento da pena e da prisão, ao fazê-la um local de fruição de supostas premiações. Termina por contribuir para o fortalecimento do ócio da classe que mais deve trabalhar, visto que fora curadora e administradora dos bens públicos.

Outrossim, a Constituição Federal de 1988, não prevê nenhuma prerrogativa, semelhante a essa, aos detentores de cargo político. Nem mesmo as imunidades e foros por prerrogativa de função, tem o condão de ensejar o ócio na prisão. Consigne-se novamente: trabalhar é um dever de todos, inclusive dos *presos* e dos *presos* políticos.

X

Por fim, com relação aos sancionados com Medida de Segurança, a Lei de Execução Penal, não determina o trabalho, contudo entende-se que se o apenado desejar, e for recomendável, nada impede que o mesmo possa trabalhar, vez que o trabalho é, na feliz expressão de Alexis Brito (2019, p. 210) "...tanto mais um direito quanto um dever".

5.2 A EFICÁCIA DO TRABALHO NA REINTEGRAÇÃO SOCIAL DO APENADO

Ante todo o exposto, cumpre agora verificar se o trabalho de fato pode apresentar resultados quando se trata de ressocializar e reintegrar o apenado, não só à sociedade, mas sobretudo, ao convívio sadio em sociedade.

De plano, convêm aduzir que o trabalho desempenhado pelo preso, é revestido de inúmeras peculiaridades, que o diferenciam dos demais. Em um primeiro momento, entretanto, analisemos a eficácia do trabalho no bojo da pena alternativa de prestação de serviços à comunidade.

I

Conforme leciona Bitencourt (2020), a pena de prestação de serviços à comunidade representa a modalidade de alternativa ao encarceramento mais bem sucedida.

Cuida-se de trabalho imposto como penalidade ao apenado, substituindo uma pena privativa de liberdade. Ele ensina que esse tipo de pena surgiu quando "...a Inglaterra instituiu a pena de prestação de serviços comunitários, que, até hoje, é a mais bem-sucedida alternativa à pena de prisão." (BITENCOURT, 2020, p. 1356). Bitencourt adverte que:

> Na definição dessa sanção, houve clara preocupação em estabelecer quais as entidades que poderão participar da prestação gratuita de serviços comunitários. Afastaram-se, liminarmente, as entidades privadas que visam lucros, de forma a impedir a exploração de mão de obra gratuita e o consequente locupletamento sem a devida contraprestação. (BITENCOURT, 2020, p. 1536)

Ele leciona ainda que a sanção aludida pode perfeitamente ser aplicada, inclusive sem que se tenha uma organização avantajada ou mesmo um grande aporte financeiro, nesse sentido ele cita importantes conquistas com a pena de prestação de serviços à comunidade, a revelar o valor do trabalho:

Em Porto Alegre foi implantado, em 1986, um projeto piloto — atendendo às questões suprarreferidas — que vem obtendo excelentes resultados. A estruturação do sistema, por se tratar de uma comarca de grande porte, não avulta economicamente, comparando-se com o custo que representam os réus presos. Mais de dois mil sentenciados já testaram referido projeto com absoluto sucesso. Há notícias de que alguns continuam voluntariamente trabalhando na mesma instituição, após o cumprimento da pena. Algo semelhante, e com extraordinário sucesso, ocorre no interior de São Paulo, na comarca de São José dos Campos. (BITENCOURT, 2020, p. 1544)

Não obstante o sucesso dessa medida, deve haver redobrado cuidado para que não haja exploração da mão-de-obra prisional. É que o preso, enquanto custodiado, não pode ser reduzido ao servilismo, ou a mero objeto, sujeito a todo tipo de interesses. O trabalho a ser desempenhado, seja interno ou externo, ou ainda, o desenvolvido no seio da prestação de serviços alternativos, volta-se, em um primeiro momento, à satisfação das necessidades do próprio apenado.

O trabalho do preso, ou mesmo o trabalho realizado no âmbito da prestação de serviços à comunidade, ou seja, os trabalhos remunerados ou não, devem buscar a concretização da dignidade da pessoa humana. Cuida-se, ademais, de possibilitar ao apenado a plena realização de suas potencialidades.

II

Com relação à eficácia do trabalho do preso condenado a pena privativa de liberdade, é nítido, que *não* se cuida de trabalho "livre", no qual o indivíduo teria o domínio sobre todas as circunstâncias que envolveriam o ato laboral, mormente o controle da sua liberdade locomotiva. Nesse passo:

> (...) o trabalho do preso é essencial ao seu processo de reeducação, mas, em qualquer regime, submete-se à fiscalização do Estado. Assim, enquanto não estiver livre de qualquer sanção penal, deve ocupar-se de atividade sob tutela estatal. Não há plena liberdade de trabalho, mesmo em se tratando de ocupação lícita. (NUCCI, 2018, p. 62)

Do exposto, nota-se que esse fato, constitui um elemento inseparável de todo trabalho realizado no âmbito de uma execução penal, qual seja a perene vigilância e tutela do Estado.

Roberto Avena entende que o trabalho do preso possui inúmeras vantagens. Ele leciona que:

> São indiscutíveis as vantagens do trabalho para o apenado, pois além de lhe possibilitar uma fonte de renda, permite a redução de sua pena por meio do instituto da remição (à razão de um dia de pena por três dias de trabalho – art. 126, § 1º, da LEP) e, na medida em que profissionaliza, constitui fator importante para a ressocialização. (AVENA, 2014, p. 59)

A doutrina majoritária vê com bons olhos o trabalho do preso. Este é entendido como um veículo que conduz o apenado ao abandono de hábitos perniciosos, ou seja, o preso que trabalha, tem a oportunidade de adquirir a disciplina pessoal, bem como uma ocupação lícita (AVENA, 2018).

A tutela e vigilância estatal não constituem impeditivos aos benefícios advindos do trabalho do preso. Pelo contrário, a partir de uma visão holística do objeto posto, nota-se que a supervisão estatal na execução do trabalho, serve como elemento para que o preso adquira a autodisciplina.

A estipulação de regras que contenham bônus e penalidades, igualmente auxiliam nesse propósito de fomentar um pensamento mais responsável e vigilante, orientado em função de eventuais prêmios e atento a possíveis punições.

O senso de disciplina e organização, de obediência a regras, horários, padrões de conduta, são grande parte do caminho aprovado para se alcançar a reintegração social e mesmo um progresso pessoal.

O apenado, para conseguir reintegrar-se à sociedade precisa receber os estímulos e oportunidades adequadas, afim de que seja influenciado a aquiescer livremente aos valores, normas e padrões reinantes no meio social. Com efeito, resgatar alguém do mundo do crime, é tarefa hercúlea, onde se intercalam múltiplas variáveis, inclusive o desejo pessoal por parte do detento de querer mudar. Por vezes, esse desejo só surge quando o apenado é imerso no mundo do trabalho, da disciplina, dos estudos, da religião, enfim, quando no ambiente controlado da prisão, ele experiencia a vida ordenada das pessoas na sociedade para onde deve regressar.

III

Nesse passo, Nucci (2020), identifica o trabalho obrigatório com a laborterapia, voltada antes de tudo à reeducação do apenado e a satisfação de suas necessidades materiais e espirituais.

O trabalho possui uma conotação terapêutica, destinado a promover no apenado uma reflexão positiva, conduzindo-o a assimilação das normas vigentes na sociedade, possibilitando o seu reingresso na comunidade.

Há quem entenda que o trabalho realizado e oferecido aos presos dentro dos presídios possui estreita ligação com a efetivação dos direitos humanos. Nesse diapasão:

> (...) a implementação do trabalho nas prisões tem sido matéria de destaque, despertando a atenção de estudiosos de diversas áreas (direito, sociologia, psicologia, educação), seja pela dimensão do problema da criminalidade e do aumento da população carcerária, seja pela disposição legal que garante direito do trabalho ao preso, e mais ainda, por sua imprescindibilidade ao processo de execução da pena privativa de liberdade e à efetivação dos direitos humanos. (DALEPRANE; HATAB, 2011, p. 142)

É desse ponto de vista que Bitencourt (2020, P. 1540) ensina que por vezes o apenado ao trabalhar "...sente-se útil ao perceber que está emprestando uma parcela de contribuição e recebe, muitas vezes, o reconhecimento da comunidade pelo trabalho realizado."

A doutrina ainda sustenta que:

> A realização de uma atividade por parte do trabalhador preso, desde que orientada de acordo com a sua aptidão e capacidade, propicia ao mesmo a sua valorização enquanto ser humano e a concretização de sua dignidade. Além disso, tal atividade possibilita que o detento se prepare para a sua vida futura fora do estabelecimento penitenciário, como cidadão capaz de colaborar com a sociedade da qual foi retirado. (CABRAL; SILVA, 2010, p. 160)

Impende perceber e reafirmar a caracterização do trabalho como indispensável. A uma, por que previsto como direito e garantia individual, ostentando o *status* de viga do Estado Democrático de Direito; a duas, por que constitui mecanismo de valorização e elevação da dignidade do preso.

IV

Na prática o número de presos que trabalham elevou-se em 48,67% entre os anos de 2015 e 2019, segundo dados do DEPEN exarado na Nota Técnica nº 79. Entre os Estados com maior número de presos trabalhando encontram-se o

Maranhão com 35,46% e Mato Grosso do Sul com 37,34%. O total de apenados em atividade laborativa em 2019, chegou a 144.211.

Não se constatou dados globais acerca das taxas de reincidência entre a população carcerária que possui uma ocupação lícita. A ausência de dados precisos, tem contribuído para que alguns mitos sobre a reincidência criminal prosperem, entre esses encontra-se a famigerada taxa de 70% de reincidência entre os presos no Brasil. O IPEA-Instituto de Pesquisa Econômica Aplicada, em Relatório de Pesquisa sobre reincidência no País, asseverou que esse percentual é sobrestimado pela inclusão dos presos provisórios. Não obstante acentua que:

> Os números, contudo, são sempre altos (as menores estimativas ficam em torno dos 30%). Esse grave problema tem levado o poder público e a sociedade a refletirem sobre a atual política de execução penal, fazendo emergir o reconhecimento da necessidade de repensar essa política, que, na prática, privilegia o encarceramento maciço, a construção de novos presídios e a criação de mais vagas em detrimento de outras políticas. (BRASIL-IPEA, 2015, p. 12)

A conclusão daquela pesquisa revelou que um em cada quatro presos reincidiam no crime, entretanto, sendo que fatores como a idade, cor preta ou parda, entre outros aumentavam o percentual entre grupos específicos (BRASIL-IPEA, 2015).

Não obstante, várias experiências pontuais revelam que as taxas de reincidência entre os detentos que trabalham e participam de cursos profissionalizantes são menores. Vejamos algumas destas experiências:

1.	Cite-se inicialmente o trabalho realizado em 2009 pelo professor de administração penitenciária, Elionaldo Fernandes Julião em sua Tese de Doutorado. Conforme o estudo, as chances de um preso reincidir no crime diminuem em 48%, caso ele trabalhe na prisão. Para chegar a essa conclusão, o cientista social avaliou 52 mil fichas de prisões realizadas nos últimos cinco anos no Rio de Janeiro. Ele então chegou ao percentual de reincidência de 26% entre os presos que não trabalham, contra 11,2% dos presos que trabalham. Ele destaca:

> Destacamos como hipóteses centrais desta pesquisa: que *a taxa de reincidência entre os apenados que participaram de atividades educacionais e laborativas é menor em comparação aos que não participaram, evidenciando-se o efeito ressocializador da educação e do trabalho; e que a taxa de reincidência entre os internos que participaram de atividades educacionais ainda é menor dos que participaram das atividades laborativas.* (JULIÃO, 2009, p. 383)

Os resultados obtidos pelo professor Elionaldo também permitiram à época detectar problemáticas importantes, acerca do trabalho, no sistema prisional, a exemplo das tarefas dos presos consistirem em muitos casos nas atribuições próprias dos agentes de segurança. Evidente que essa distorção não serve para desacreditar os resultados obtidos pela pesquisa, mas sim, deixa claro a necessidade de fiscalização e acompanhamento pelo poder público dessas atividades laborais no ambiente da prisão.

2. Uma segunda experiência pode ser constatada na aplicação da metodologia apaqueana, que impera nas APAC's – Associação de Proteção e Assistência ao Condenado. Em artigo publicado acerca do tema e da experiência ocorrida no

interior das APAC's, Carvalho e Castilho (2019), contrastam os índices de reincidência de apenas 8% dos reclusos nas APAC's, contra 70%[13] de reincidência dos presos no sistema comum estatal.

Conforme os estudos realizados, a metodologia apaqueana perpassa por uma série de princípios, destacando-se a participação da comunidade, a cooperação entre os recuperandos, religião, assistência jurídica, assistência à saúde, valorização humana, auxílio da família, serviço voluntário, meritocracia.

O trabalho possui importante assento dentro da metodologia apaqueana, sendo obrigatório em todos os regimes, em especial no Regime Fechado (SILVA, 2014; OTTOBONI, 2014). Importante destacar que a visão encabeçada ali pressupõe um *encadeamento* de todos os fatores para que haja uma eficácia maior da metodologia (GENIPAPEIRO, 2017).

Tal o sucesso do método desenvolvido nas APAC's que a inauguração de novas unidades constitui uma das políticas centrais dos órgãos estatais envolvidos na administração e gestão, e execução da política carcerária (CARVALHO; CASTILHO, 2019).

Destaque-se, por fim, o baixo custo de administração e gestão das APAC's. Com efeito, a metodologia apaqueana busca envolver os apenados nas tarefas diárias do estabelecimento, fomentando um senso de cuidado e responsabilidade com as estruturas prediais, com os demais

---

[13] Conforme destacamos, o Relatório IPEA crítica esse percentual, destacando que o mesmo é sobrestimado pela inclusão dos presos provisórios.

apenados e funcionários que trabalham. Para a consecução desses misteres a entidade recebe doações de fundações, organizações, bem como o trabalho de voluntários (GENIPAPEIROS, 2017).

3.	O Projeto Grão constituiu outra experiência onde a conjugação de diversos fatores aliados ao trabalho resultou em uma baixa taxa de reincidência criminal e, consequentemente em um melhor processo ressocializador.

A juíza Thelma Fraga, falecida em 2012 aos 47 anos, idealizou o projeto que surpreendeu pelos excelentes resultados. O projeto de natureza filosófica e acadêmica, tinha como referencial teórico o paradigma de justiça preventiva e restaurativa. Do ponto de vista preventivo, os grupos de trabalho atuavam junto às comunidades no sentido de minimizar os fatores de risco social que orientavam a vida dos jovens à criminalidade.

Da perspectiva restaurativa, visualizava-se muito além da punição; o foco é precisamente a restauração psicossocial do apenado, inclusive com a participação ativa da sociedade[14]. Em entrevista ao Jornal Extra.Globo no ano de 2010, a juíza declarou:

> Muita gente não acredita na recuperação de criminosos. Eu só não mudo a vida de um criminoso se ele não quiser. Independentemente do crime que ele tenha cometido, a vontade de ser inserido na sociedade tem que ser quase uma paixão na vida do detento (...) (EXTRA.GLOBO, 2010, *on line*)

---

[14] Para um estudo interessante acerca da Justiça Restaurativa, vide o livro "Segurança e Cuidado: Justiça restaurativa e sociedades saudáveis", de Elizabeth M. Elliot, publicado pela Ed. Palas Athena.

À época a juíza reconheceu que a coisa mais difícil era precisamente conseguir um emprego para os detentos, chegando mesmo a dizer que "A garantia para o empregador sou eu. Sem um juiz por trás raramente eles vão conseguir um emprego" (EXTRA.GLOBO, 2010, *on line*).

Eis os resultados do Projeto Grão conforme apresentado em seu sítio eletrônico:

> Os resultados são impressionantes. No primeiro ano de trabalho do Grupo de Reinserção de Egressos:
> • 100% de reinserção social no Projeto Piloto
> • 99% de reinserção social no Projeto na Fase 1
> • 100% de reinserção no Projeto na Fase 2
> • 113 egressos reinseridos socialmente.
> • Jacarepaguá foi bairro recordista na redução da criminalidade no Rio de Janeiro.

Ante esses números percebe-se que é possível, de fato, com o necessário engajamento, promover uma eficaz política de reintegração social, a partir de uma estratégia que congregue vários fatores, entre eles o trabalho.

4.   Outras experiências que demonstraram o valor e eficácia do trabalho, obviamente conjugado com outras medidas, foi desenhado no interior das penitenciárias que conjugaram a gestão público-privada. Inicialmente cite-se o pioneirismo da PIG-Penitenciária Industrial de Guarapuava em 12 de novembro de 1999. Conforme analisaram alguns estudos:

> O que chama a atenção nos números da PIG é o nível de reincidência baixíssimo, na casa dos 6%, contra a alarmante média nacional, na casa dos 70% o que demonstra sua eficácia na socialização. São realizados os trabalhos de ressocialização praticados pela penitenciária, de acordo com a LEP. (COSTA, 2008, p. 43)

Esse sucesso foi explicado por um conjunto de instalações prediais e assistenciais que não se encontram facilmente nos demais presídios administrados exclusivamente pelo Estado. A penitenciária industrial contava com diversos setores industriais, a exemplo do beneficiamento do pescado.

Após a PIG, várias foram as experiências com bons resultados pelo país: A Penitenciária Industrial Regional de Curiri no Ceará, o Complexo Prisional Público Privado de Ribeirão das Neves.

Frise-se que, esse modelo de administração penitenciária, tem suscitado diversas polêmicas e debates, cujo estudo não pode ser minuciado aqui, em vista do objeto deste livro.

Contudo, apenas a título de exposição, podem ser elencados os seguintes pontos de tensão:

a) a função estatal de administrar e custodiar os presos seria indelegável e, portanto, a parceria público-privada (PPP) seria frontalmente contrária à Constituição. Contra este argumento, suscita-se que a delegação seria apenas de atividades de cunho administrativo e não de cunho jurisdicionais ou judiciárias, sendo a PPP mais uma das formas da sociedade participar da gestão e administração da justiça, desta feita na seara da Execução Penal. Outrossim, a própria LEP, em seus arts 13, 20 e 36, permite a celebração de convênios e parcerias, assim como o art. 83-B, apresenta uma lista de serviços que não podem ser delegados, enquanto o art. 83-A, possibilita a execução indireta de atividades materiais acessórias, mediante supervisão do poder público;

b) A medida viola o princípio da jurisdição única, conjugado com o disposto no art. 5, LIII, da CF/88, onde se afirma que ninguém será processado nem sentenciado senão pela autoridade competente. Nesse sentido a Execução Penal é atividade e função típica do Estado, efetivo exercício jurisdicional, previsto na LEP a partir do seu art. 65. O outro lado rebate aduzindo que a Execução da Penal é um complexo de atividades administrativas e judiciárias, sendo que apenas as primeiras seriam objeto de uma delegação, parceria ou convênio;

c) a privatização dos presídios viola o macroprincípio da Dignidade Humana, visto que o preso é obrigado ao trabalho não podendo rescindir o "contrato", havendo somente a consagração do trabalho escravo na prisão. Além disso, ao Estado cabe o exercício da política-criminal de ressocialização bem como a efetiva custódia dos apenados. Outrossim, a privatização dos presídios escancara o aproveitamento da mão-de-obra carcerária, visando o lucro e não os objetivos propostos para a sanção penal. Contra estes argumentos, consigna-se que a privatização dos presídios, ao contrário do sobredito, concretiza o mencionado princípio da Dignidade Humana, visto que proporciona ao apenado melhores condições para cumprir a pena, bem como um ambiente prisional hígido e adequado à consecução dos objetivos propostos pela pena aplicada;

d) a privatização dos presídios gera altos custos ao Estado, elevando em até três vezes os gastos com cada detento. Este ponto é respondido mediante a alegação de que os custos são menores na fase de implantação e construção dos presídios, e que o aumento de custos após essa primeira fase, é justificado pelos resultados alcançados (RABELO; VIEGAS, 2011; FREITAS, 2017; QUADROS, 2019).

Saliente-se, por fim, que recentemente essa questão voltou a ganhar notoriedade após autoridades declararem apoio a medida, bem como pela existência de projetos de lei em tramitação buscando implementar com segurança jurídica a privatização[15].

Embora recheada de polêmicas, o fato é que o modelo de privatização parcial, cogestão, parceria ou convênio na administração de presídios, alcançou índices melhores que os observados nos presídios com administração 100% pública, descortinando, nesse ideário, o que poderia ser um modelo mais eficiente de gestão carcerária. Frise-se: modelo de *gestão*, não importando, em suma, o agente que administra, se público ou privado, mas sim a *forma* como a administração é realizada.

V

Não obstante esses resultados, parcela da doutrina pátria sustenta que a linha que divide o exercício do trabalho como forma de dignificação humana e a exploração de mão-de-obra barata, é bastante tênue. Apenas para ilustrar esse posicionamento, cite-se que é lugar comum entre os críticos o entendimento de que o trabalho no âmbito das penitenciárias, surgiu precisamente no intuito de se dominar, submeter e explorar a força de trabalho de uma classe.

---

[15] Vide PL 2694/2015 proposto pela Comissão Parlamentar de Inquérito que investigou o Sistema Carcerário Brasileiro, e dispõe sobre a execução indireta de atividades desenvolvidas nos estabelecimentos penais, e dá outras providências. A tramitação pode ser acompanhada por aqui: https://www.camara.leg.br/propostas-legislativas/1672171

Nesse sentido, é o entendimento de Bitencourt:

> Na realidade, o objetivo fundamental das instituições de trabalho holandesas e inglesas era que o trabalhador aprendesse a disciplina capitalista de produção. Também a religião, especialmente no caso da Holanda, permitiria reforçar os elementos ideológicos que fortaleceriam a hegemonia da burguesia capitalista. (BITENCOURT, 2020, p. 1300)

Assevera-se que na prisão havia o local ideal para se promover a readequação social do delinquente. O trabalho se constituía como passaporte para a mordaça do apenado à ordem vigente. A exploração econômica impunha-se então como consectário lógico, dentro do processo de trabalho interno dos apenados (BITENCOURT, 2020).

Seguindo esse raciocínio, pouco importava que o preso fosse ou não ressocializado, uma vez que estava em pauta o objetivo de tornar o seu corpo dócil, promovendo esse aprendizado por meio da opressão e da lei do silencio, que imperava nas prisões da época. O preso devia aceitar a dureza do ambiente e o valor do seu trabalho para a burguesia (BITENCOURT, 2020).

A conclusão de semelhante raciocínio culmina no seguinte:

> A prisão nunca será — vista desde a sua origem, nas casas de correção holandesas e inglesas — mais do que uma instituição subalterna à fábrica, assim como a família mononuclear, a escola, o hospital, o quartel e o manicômio, que servirão para garantir a produção, a educação e a reprodução da força de trabalho de que o capital necessite. (BITENCOURT, 2020, p. 1302)

Decerto que a perspectiva crítica, embora, traga valiosas reflexões, não pode ofuscar, contudo, a necessidade individual e social do trabalho. A constatação de que uma classe busca assumir a hegemonia total sobre a outra, não pode autorizar a instrução de que o ócio de se converta em instrumento de luta.

Conforme exposto alhures, o trabalho impõe-se com a mesma força e necessidade para todos, independentemente de estarem segregados ou não. Cuida-se de dever social, estritamente vinculado à própria manutenção e sobrevivência humana, donde advêm o seu caráter basilar.

A simples perspectiva histórica, mostra que a reação natural do ser humano diante das forças da natureza, bem como diante de suas necessidades básicas, foi o trabalho, isto é, a superação das adversidades pela atividade produtiva e transformativa da natureza.

O *homo faber* e o *homo laborans*, constituem as duas instâncias do indivíduo humano que insinuam que o trabalho foi o divisor de águas na distinção humana em relação aos demais animais.

Portanto, a Fábrica, a escola, as relações familiares e sociais são a exata expressão e a consagração de atividades, eminentemente, humanas. Dentro dessa visão, a prisão é apenas mais um consectário dessas distinções que se colocam entre os humanos e os demais seres vivos.

A prisão, enquanto resultado de um conjunto de atividades de cunho preservativo de determinados indivíduos da espécie, necessariamente buscará reproduzir em seu seio as condições gerais que permitiram a sobrevivência dessa mesma espécie. O que se aponta como uma perversão, nada mais é que uma função lógica e natural da prisão. Com efeito, não obstante seja o local de cumprimento da pena, a prisão não tem outro objetivo, senão preservar a vida e integridade físicas de indivíduos que, em outras circunstâncias de tempo e espaço, seriam mortos ou sofreriam gravames desproporcionais. Desse caráter de preservação da vida humana, que radica na substância mesma da prisão, deriva a imposição de recuperação do custodiado: se preserva o indivíduo para recuperá-lo. E essa recuperação passa pela, importante, primária e vital experiência do trabalho.

A perversão seria exatamente esvaziar a prisão desses objetivos ou de pelo menos qualquer um deles.

Obviamente que não se está defendendo que não exista exploração e opressão no ambiente prisional, mormente relacionadas ao trabalho e ao tratamento dos apenados, contudo, há que se considerar que essa exploração não desautoriza a existência ou a necessidade das prisões, bem como do trabalho no ambiente prisional.

Se prisão se impõe por uma necessidade, a sua extinção só se dará quando as razões de sua necessidade não forem mais verificadas. Postular que a prisão surge por uma necessidade do capitalismo, pressupõe que o próprio capitalismo não surgiu por uma necessidade humana.

E talvez essa seja a questão realmente importante: o capitalismo é uma necessidade humana? Embora não seja este o escopo destas reflexões, entendo, particularmente, que os aspectos da propriedade privada, da produtividade eficiente, da produção de excedentes para provisões e trocas, da acumulação de capitais e meios de produção para investimentos e da divisão proporcional e equitativa dos produtos, sejam necessidades adquiridas e imprescindíveis aos seres humanos. O capitalismo é um sistema de produção que se revelou promissor no alcance dessas necessidades, consagrando-se como forma predominante de produção.

Nessa senda, a prisão pode ser vista sim, como exercendo um papel nas circunstâncias do sistema capitalista, contudo, o seu fundamento existencial é calcado em outros fatores e propósitos de índoles pré-capitalistas. Isto pode ser verificado pela simples presença das prisões em sistemas completamente diferentes do capitalismo.

Além do mais, costuma-se confundir a segregação ou prisão *latu sensu*, que é gênero, com a prisão celular ou *stricto sensu*, que é espécie. Segregação diz respeito as diversas formas pelas quais os seres humanos foram privados do convívio social, tendo sua liberdade locomotiva tolhida, sendo prisioneiros de guerra, vendidos como escravos, ou simplesmente aprisionados no cárcere aguardando receber uma pena capital. A prisão, por seu turno, surge no cerne de um processo de racionalização da pena: ela pressupõe um avanço no processo de punir, vez que não destrói o criminoso, mas busca conservá-lo para reintegrá-lo à sociedade. Não se trata de um aproveitamento do criminoso ou de sua força de trabalho, mas de um exercício de valores humanísticos. A exploração da força de trabalho ou do *status* do condenado, sugere uma perversão no objetivo da prisão.

Com efeito, o simples confronto dos objetivos buscados pelo capitalismo com os propósitos almejados pela prisão, mostram que se tratam em substância, de coisas diferentes e oriundas de necessidades humanas diferentes. Por essa razão, compreende-se que a extinção do capitalismo não implica na extinção da prisão, assim como a extinção da prisão não implica na superação do capitalismo. De igual modo, a superação da prisão, não implica na extinção da segregação prisional *latu sensu*, que continuará a existir, posto que tem fundamentos diversos da prisão *stricto sensu*. Outrossim, a extinção de todas estas coisas, não implica na extinção do trabalho e, possivelmente, não implica na superação da exploração do trabalho.

A exploração da força de trabalho é coisa distinta do trabalho mesmo. Ocorre que a origem da exploração da força de trabalho não é substância de nenhum sistema econômico em particular, nem mesmo do capitalismo. Os sistemas econômicos ou modos de produção, como se queira, podem a seu modo, potencializar ou atenuar essa exploração, mas nunca cria-la ou extingui-la.

A exploração da força de trabalho e outras formas de exploração, é exploração do homem pelo homem, presente onde quer que haja a ganância de poder, prazer ou de riquezas, cuida-se de perversão presente nos seres humanos por vias distintas dos modos de produção. Um modo de produção apenas conforma as feições destas pulsões, que se manifestaram historicamente muito antes que houvessem regimes ou Estados organizados.

Ante essas ponderações, conclui-se que, embora o trabalho no ambiente prisional possa se voltar ao suprimento de necessidades de um mercado capitalista, isto somente ocorre pelo fato de o capitalismo ser o sistema circundante. Com efeito, fosse outro o sistema reinante, o trabalho do preso, por uma questão de razoabilidade, se voltaria para a satisfação desse sistema.

Enfim o aproveitamento racional do trabalho do preso pelo capitalismo, decorre de uma situação casuística e não como por um fato inexorável.

Em verdade, a sobrevivência do apenado no sistema capitalista depende do aprendizado do funcionamento do sistema. O egresso precisa aprender a operar o sistema, afim de que o seu trabalho seja produtivo nesse sistema.

A exploração e a opressão que ocorrem tampouco mostram-se fatos exclusivos do capitalismo, vez que elas se visualizam em outros sistemas experimentados mundo afora. Portanto, os meios para se combater essa opressão e exploração não implicam na derrocada do sistema capitalista ou ainda na extinção do trabalho do preso, mais sim no contínuo aperfeiçoamento dos sistemas de justiça.

VI

A Constituição Federal de 1988, adotou expressamente o capitalismo como modelo de produção e divisão de bens, não obstante, aperfeiçoou as diretrizes clássicas do modelo liberal de Estado. É curial acentuar que os direitos fundamentais assumiram relevo nesse novo cenário.

O Estado possui a incumbência de adotar uma postura ativa, no sentido de conferir a máxima efetividade aos direitos e garantias individuais, de sorte que os anseios do mercado, devem servir para a afirmação e supremacia desses direitos.

Nessa esteira, o preso, enquanto sujeito de direitos fundamentais, deve ter a sua incolumidade física protegida, bem como, impõe-se ao Estado o poder-dever de promover os seus direitos (SARLET; MARINONI, MITIDIERO, 2018).

Essa constatação deve ser estendida ao trabalho carcerário, o qual deve ser oferecido, em condições humanas condignas, sem distinção de nenhuma espécie, vez que ao Estado compete possibilitar ao apenado, condições para o seu sadio retorno à sociedade.

É contraditório com a ordem do Estado de Leis, posicionamentos, que tentam aparelhar o Estado para assumir uma dada direção, colocando o mesmo contra os cidadãos ou contra a Constituição.

Em verdade, o Estado deve estar infenso a ideologias, sejam quais forem. Isso não significa que o Estado seja neutro, posto que orientado pela Constituição, mas sim que deve focar em uma gestão governamental pautada nas diretrizes e princípios constitucionais.

Com efeito, o Estado possui suas bases assentadas e balizadas pela Constituição Federal, devendo espelhar em seus modelos e sistemas de governo, as normas, os valores e os vetores interpretativos constitucionais.

Ideologias, quase sempre, pressupõem um conjunto de desejos e aspirações, cuja realização depende, por vezes, da destruição da ordem constitucional vigente, o que implica em um paradoxo insustentável.

Por fim, é sabido que a atual ordem constitucional não é perfeita. Relativamente à disciplina do trabalho, é conveniente e necessário o constante policiamento da sua efetivação, de modo a garantir a higidez e satisfação de seus resultados.

6 **CONCLUSÃO**

Este trabalho teve como objeto a análise do trabalho, enquanto ferramenta de reintegração social. Nesse sentido, o estudo teve como pano de fundo as mazelas que estão entranhadas no sistema prisional, perfazendo um estado de massivas violações aos direitos e garantias fundamentais.

É cediço que as prisões, constituem locais onde cotidianamente ocorrem violações aos direitos humanos, às garantias e preceitos constitucionais. Os presos são tratados e encarados como inimigos da sociedade, merecedores de toda sorte de castigos e reprimendas.

Essa percepção, difundida no seio da sociedade, estimula a edição de leis que recrudescem o sistema prisional, trazendo para a sociedade a solução simplista de que basta punir mais e com mais atrocidade que a tão sonhada pacificação social será conseguida. Com efeito, não é a prisão ou a sanção penal que resolverão o problema da criminalidade, do mesmo modo que a extinção pura e simples da prisão, também não resolverá. A sociedade vive de experiências e, historicamente, a prisão sagrou-se vencedora na disputa por sua própria existência e necessidade. A tese que despontou desse processo, prevê um aperfeiçoamento constante desse sistema de punição, pela adoção de um conjunto de medidas assistenciais, tendentes a dissuadir o criminoso da prática delitiva, tornando a prisão um local de recuperação desses indivíduos.

Sendo assim, somente uma congregação de diferentes fatores pode garantir alguma margem considerável de sucesso para a pena privativa de liberdade e o cárcere. O problema da ineficácia não reside, ante isto, na prisão ou na pena, mas sim na forma concreta como o sistema é gerido, bem como nos métodos e instrumentos aplicados para dissuadir o apenado da prática do delito.

Nesse diapasão, estudou-se inicialmente, a origem das prisões, mormente da pena privativa da liberdade. A conclusão, nesta parte, é que desde a sua origem a prisão já se mostrou problemática. Conforme exposto, na sua gênese já dava amostras de sua natureza dual, visto que de segregação de caráter cautelar rumou para um espaço onde o preso pudesse "penitenciar" os seus pecados, mas ao mesmo tempo, potencializava um estigma, consumando no indivíduo uma marca indelével, que o repelia continuamente do convívio social. Destinava-se, outrossim, a infundir nos presos as ideias dominantes que ordenavam a sociedade, utilizando diversas ferramentas inapropriadas para isso: trabalhos forçados, torturas, banimentos, penas cruéis e degradantes, etc.

Com o advento do Cristianismo, que ordenou: "Lembrai-vos dos encarcerados, como se estivésseis aprisionados com eles[16]", houve, a partir de reflexões *jus* naturalísticas, um processo de civilização e humanização das penas, e por conseguinte da prisão. Esse processo continuou através das obras dos grandes reformadores penais, cujo expoente foi Cesare Beccaria.

Com o surgimento do constitucionalismo moderno, a prisão foi concebida como um local, onde seria possível concretamente, transformar o indivíduo para um posterior retorno à sociedade. Com isso, a pena privativa imposta,

---

[16] Hebreus 13:3.

passou a ter como uma de suas finalidades *explícitas*, a ressocialização do apenado.

De outra banda, em que pese estarem positivadas, inúmeras garantias e direitos na Constituição Federal de 1988, bem como nas leis infraconstitucionais, à semelhança da Lei de Execução Penal, o que se observa é a prevalência de um abismo separando as previsões legais, da situação caótica do sistema prisional ao ponto de o Supremo Tribunal Federal acatar a tese de que o sistema carcerário constitui um "estado de coisas inconstitucional".

A seguir, foram estudados, os princípios constitucionais regentes da matéria. Antes, porém, verificou-se os objetivos da pena privativa de liberdade e de forma colateral, os objetivos do cárcere. Constatou-se, de forma especial, que a criminologia crítica, equivoca-se em seus paradigmas de análise, mormente quanto aos objetivos da prisão e da pena privativa de liberdade. Com efeito, a pena de prisão é alcançada no cerne de um processo de racionalização e civilização, objetivando, sobretudo, a preservação física do criminoso, bem como o fiel cumprimento da pena. Em conexão com essa conclusão, visualizou-se que a prisão guarda afinidade, em essência, com os princípios da Dignidade da Pessoa Humana, bem como com o princípio da Humanidade da Penas, muito embora na prática, sejam constatadas distorções e violações, por conta das problemáticas já elencadas.

Com relação ao direito ao trabalho, a conclusão obtida, foi no sentido de que a atual ordem constitucional elevou o trabalho ao patamar de fundamento do Estado Democrático de Direito, e ferramenta de concretização da dignidade da pessoa humana.

Com efeito, a Carta Política de 1988, impregnou o trabalho, de um valor social. Sua carga axiológica e teleológica vai muito além da satisfação individual pelo simples consumismo ou pela mera inserção do apenado na ordem do mercado. É o princípio que substancia a dignidade e o valor inerente que todo ser humano possui, seja ele livre, seja ele preso.

Nesse diapasão, foi analisado a vedação constitucional às penas de trabalhos forçados. A Constituição de 1988 concretizou o princípio da Humanidade das Penas, que está entranhado no princípio da Dignidade da Pessoa Humana. A previsão, que possui eficácia plena e imediata, prevê que o Estado, embora possuindo a incumbência de garantir oportunidades de trabalho, não deve em hipótese nenhuma, forçar o apenado ao trabalho. Trata-se no ponto, de tema sensível, visto que a LEP estabeleceu a obrigatoriedade do trabalho, bem como o dever que o preso possui de trabalhar. Do cotejo desses elementos concluiu-se que o trabalho obrigatório não se confunde com o trabalho forçado, porquanto, o termo "obrigatório" surge de um *dever* socialmente imposto o qual alcança a todos indistintamente, cabendo a sua exigência a semelhança de qualquer outra obrigação legal, enquanto o trabalho forçado, pressupõe a violação da liberdade, da vontade e da autodeterminação do indivíduo, sem se descurar da violação flagrante à dignidade humana, por subjugar o apenado a mero objeto de poder.

Na sequência, cuidou-se do estudo da disciplina jurídica aplicada às relações de trabalho no âmbito penitenciário, com base nas disposições da lei 7.210/1984, a Lei de Execução Penal.

Constatou-se que na LEP, o trabalho é tanto um direito do preso, quanto um dever do apenado. Na perspectiva de um direito, verifica-se a posição ativa que o preso assume frente ao Estado, no sentido de o direito ao trabalho, constituir um patrimônio subjetivo do apenado, passível de ser exigido.

Na perspectiva de um dever do preso, nota-se que a obrigação ao trabalho revela a face passiva do apenado frente a instituição. Ademais, conforme exposto no texto, o preso deve cumprir o seu trabalho sob a tutela e vigilância do Estado, não se cogitando de uma liberdade irrestrita durante a execução do serviço.

De outra banda, a Lei de Execução Penal, traz diversos benefícios ao apenado, como a possibilidade de remição de dias de pena por dias de trabalho realizado. A legislação prevê ainda, que o trabalho respeitará as aptidões individuais, assim como a capacidade e a situação laboral de cada apenado. A lei, nesse sentido, prevê diretrizes específicas para mulheres grávidas, idosos e doentes.

Por fim, concluiu-se o trajeto proposto, com o estudo da eficácia do trabalho como instrumento de dignificação do homem e meio de reintegração social do preso. A constatação inicial é de que o trabalho, por possuir um valor social estampado inclusive na Constituição, constitui uma ferramenta valiosa que pode sim, elevar e concretizar a dignidade humana do preso, minimizando os impactos trazidos pela estigmatização promovida pelo crime e reforçada pela segregação criminal.

A análise de algumas experiências que possuem a ocupação lícita como um de seus pilares centrais, evidenciou estatisticamente que os índices de reincidência entre os presos que trabalham são menores que entre os que não trabalham. De se notar, entretanto, que o trabalho, sozinho, não é suficiente para se alcançar esses números.

As experiências visualizadas, demonstraram que o atingimento desses números passou pela coordenação de uma série de fatores, entre os quais figuram: ações de cunho preventivo nas comunidades e regiões dominadas pela criminalidade; oferecimento de cursos profissionalizantes e educativos; inserção dos detentos nos universos artísticos da música e das artes em geral; fomento às atividades esportivas; assistência integral contemplando a assistência religiosa, jurídica, social e à saúde; instalações prediais de qualidade; oferta de emprego e trabalho no próprio ambiente de cumprimento da pena, etc.

Outrossim, notou-se que a fronteira que divide o trabalho que dignifica, do trabalho que se presta a exploração, é bem tênue. O estado, não pode aproveitar-se da custódia dos presos, para utilizá-los para qualquer fim, esvaziando o significado das disposições da Lei de Execução Penal e, principalmente da Constituição Federal que rechaça a utilização do ser humano como meio para outras coisas.

Nesse sentido, o trabalho é um instrumento valioso para efetivação dos direitos humanos dos presos e apenados em geral, possibilitando, de fato a sua reinserção social. No entanto, na concretização desse direito fundamental ao trabalho, o Estado deve assegurar as condições mínimas para que o "direito" não se converta em instrumento de alienação e dominação. Nessa perspectiva, o Estado deve cotejar e coordenar adequadamente as variáveis necessárias à teleologia da pena. Uma visualização dos pontos de tensão e choque entre os valores e princípios da Execução Penal, mostra-se essencial, pois permitirá uma clareza na tomada de decisões, bem como na formulação de estratégias de reintegração social, rechaçando ao mesmo tempo ideias e hipóteses simplistas e inidôneas.

REFERÊNCIAS

AVENA, Roberto. **Execução penal**. 5. ed. Rio de Janeiro: Forense, 2018.

AVENA, Norberto Cláudio Pâncaro. **Execução penal**: esquematizado. São Paulo: Forense, 2014.

BECCARIA, Cesare Bonesana. Marchesi di. 1738·1793. **Dos delitos e das penas**. Trad. J. Cretella Jr. e Agnes Cretella. - 2. ed. rev.- São Paulo: Editora Revista dos Tribunais. 1999.

BÍBLIA SAGRADA. Trad. João Ferreira de Almeida. Revista e corrigida. 4 ed. Barueri, São Paulo. Sociedade Bíblica do Brasil, 2012, 1248 p.

BITENCOURT, Cezar Roberto. **Tratado de direito penal**: parte geral, volume i. 26. ed. São Paulo: Saraiva Educação, 2020.

BRASIL. Supremo Tribunal Federal. Hc nº 126292. Relator: MIN. TEORI ZAVASCKI. Brasília, DF, 17 de fevereiro de 2016. **Dje**. Brasília: Dj, 17 fev. 2016.

BRASIL. **Constituição**. República Federativa do Brasil de 1988. Brasília, DF: Senado Federal, 1988. Disponível em: http: //www. planalto.gov.br/ccivil_03/ Constituicao/ ConstituicaoCompilado.htm. Acesso em: 23/05/ 2021.

BRASIL. **Decreto-lei nº 2.848**, de 7 de dezembro de 1940. Código Penal. . Brasília, DF: Dou, 31 dez. 1940.

BRASIL. **Decreto-lei nº 3.689**, de 03 de outubro de 1941. Código de Processo Penal. Brasília, DF: Dou, 13 out. 1941.

BRASIL. **Decreto-lei nº 3.688**, de 3 de outubro de 1941. Lei das Contravenções Penais. Brasília, DF: Dou, 3 out. 1941.

BRASIL. Depen. Ministério da Justiça e Segurança Pública. **Levantamento Nacional de Informações Penitenciárias**. 2020. Disponível em: https://app.powerbi.com/view?r=eyJrIjoiZTlkZGJjODQtN mJlMi00OTJhLWFlMDktNzRlNmFkNTM0MWI3IiwidCI6I mViMDkwNDIwLTQ0NGMtNDNmNy05MWYyLTRiOGRh NmJmZThlMSJ9. Acesso em: 03 jun. 2021.

BRASIL. Ministério do Planejamento, Desenvolvimento e Gestão. IPEA-Instituto de Pesquisa Econômica Aplicada. Reincidência criminal no Brasil. **Relatório de Pesquisa**. Brasília: Rio de Janeiro: IPEA, 2015.

BRASIL. **Lei nº 7210**, de 11 de julho de 1984. Institui a Lei de Execução Penal. Brasília, 13 jul. 1984.

BRASIL. **Lei nº 6.001**, de 19 de dezembro de 1973. Dispõe sobre o Estatuto do Índio. Brasília, DF: Dou, 19 dez. 1973.

BRASIL. STF. (org.). **Processo: ADPF/347**: consultar processo eletrônico. Consultar Processo Eletrônico. 2020. Disponível em: http://redir.stf.jus.br/estfvisualizadorpub/jsp/consultarpro cessoeletronico/ConsultarProcessoEletronico.jsf?seqobjetoi ncidente=4783560. Acesso em: 02 jun. 2021.

BRASIL. Supremo Tribunal Federal. Adpf nº 347. Relator: Marco Aurélio. Brasília, DF, 09 de setembro de 2015. **Dje**. Brasília: Dj, 19 fev. 2016.

BRASIL. Supremo Tribunal Federal. Hc nº 136509. Relator: Min. Dias Toffoli. Brasília, DF, 04 de abril de 2017. **Dje**. Brasília: Dj, 04 abr. 2017.

BRITO, Alexis Couto de. **Execução pena**. 5. ed. São Paulo: Saraiva Educação, 2019.

CABRAL, Luisa Rocha; SILVA, Juliana Leite. O trabalho penitenciário e a ressocialização do preso no Brasil. **Revista do Caap**, Belo Horizonte, v. 1, n. 1, p. 157-184, jan. 2010. Semestral.

CARVALHO, Nathaline de Lima; CASTILHO, Lucas Valério de. Importância do Método APAC na Prevenção Terciária e na Ressocialização do Apenado. **Revista Âmbito Jurídico. Ed. 186.** Disponível em:https://ambitojuridico.com.br/cadernos/direitopenal/i mportancia-do-metodo-apac-na-prevencaoterciaria-ena ressocializacao-do-apenado/. Acesso em: 10 de junho de 2021.

DALEPRANE, C.p.; HATAB, L.g.. O Trabalho Prisional como Alternativa de Ressocialização Penal: uma garantia de efetivação dos direitos humanos. **Revista do Mestrado em Direito da Universidade Católica de Brasília**: Escola de Direito, [s.l.], v. 5, n. 1, p. 128-164, 30 jun. 2011. Semestral. Universidade Catolica de Brasilia.

http://dx.doi.org/10.18840/1980-8860/rvmd.v5n1p128-164.

DAMÁZIO, Daiane da Silva. **Sistema prisional no brasil**: problemas e desafios para o serviço social. 2010. 91 f. TCC (Graduação) - Curso de Serviço Social, Departamento de ServiÇo Social, Universidade Federal de Santa Catarina, Florianópolis, 2010.

DE GIORGI, Raffaele; VASCONCELOS, Diego de Paiva. Os fatos e as declarações: reflexões sobre o Estado de Ilegalidade Difusa. **Revista Direito e Práxis [online]**. 2018, v. 9, n. 1 [Acessado 11 março 2021], pp. 480-503. Disponível em: <https://doi.org/10.1590/2179-8966/2018/32819>. Epub Jan-Mar 2018. ISSN 2179-8966. https://doi.org/10.1590/2179-8966/2018/32819.

FREITAS, Juliana Santos de. **A intervenção da iniciativa privada é a solução para atingir a finalidade da pena?** 2017. 62 f. TCC (Graduação) - Curso de Direito, Faculdade de Direito "prof. Jacy de Assis", Universidade Federal de Uberlândia, Uberlândia, 2017.

GENIPAPEIRO, Fernando Padilha. **A humanização da pena e a ressocialização do condenado**: um estudo sobre a apac. 2017. 47 f. TCC (Graduação) - Curso de Direito, Faculdade de Direito, Universidade de Itaúna, Itaúna, 2017.

GOURSAND, Renata Avelino. **O Estado de Coisas Inconstitucional no sistema carcerário brasileiro e a dignidade da pessoa privada de liberdade**. 2016. 65 f. TCC (Graduação) - Curso de Direito, Faculdade de Direito,

Universidade Federal de Minas Gerais, Belo Horizonte, 2016.

GRECO, Rogério. **Sistema Prisional**: colapso atual e soluções alternativas. 2. ed. Niterói: Impetus, 2015.

GRECO, Rogério. **Curso de Direito Penal**: parte geral, volume i. 19. ed. Niterói: Impetus, 2017.

JORNAL EXTRA.GLOBO. **Juíza: 'só não mudo a vida de um criminoso se ele não quiser'**. Disponível em: https://extra.globo.com/famosos/juiza-so-nao-mudo-vida-de-um-criminoso-se-ele-nao-quiser-365955.html. Acesso em 27 de junho de 2021.

JULIÃO, Elionaldo Fernandes. **A ressocialização através do estudo e do trabalho no sistema penitenciário brasileiro.** Tese (doutorado). UERJ.2009. 440 fls.

MARANHÃO. MINISTÉRIO PÚBLICO. **. Superencarceramento, superpopulação carcerária ou superimpunidade?**: caop-crim. São Luís: Pgj, 2018. Coord. José Cláudio Cabral Marques.

MARCÃO, Renato. **Execução Penal**. 1. ed. São Paulo: Saraiva, 2012.

MASSON, Cleber. **Direito Penal**: parte geral (arts. 1º a 120) – vol. 1. – 13. ed. – Rio de Janeiro:

MELOSSI, Dario e PAVARINI, Massimo. **Cárcere e fábrica-As origens do sistema penitenciário (séculos XVI-XIX)** - Rio de Janeiro: Revan: ICC, 2006. (Pensamento criminológico; v. 11). 2-ª-edição, agosto de 2010, 1ª reimpressão, setembro de 2014. 272p.

MENDES, Gilmar Ferreira; BRANCO, Paulo Gustavo Gonet. **Curso de direito constitucional** /. 13. ed. São Paulo: Saraiva Educação, 2018.

MICHEL, Foucault. **Vigiar e Punir**: nascimento da prisão. Trad. Raquel Ramalhete, Petrópolis: Vozes, 1987.

NUCCI., Guilherme de Souza. **Curso de execução penal**. Rio de Janeiro: Forense, 2018.

NUCCI, Guilherme de Souza. **Manual de direito penal**. 16. ed. Rio de Janeiro: Forense, 2020.

NUCCI, Guilherme de Souza. **Princípios constitucionais penais e processuais penais**. 4. ed. Rio de Janeiro: Forense, 2015.

OTTOBONI, Mario. **Vamos matar o criminoso? Método APAC**. Paulinas, 4 ed. São Paulo, 2014.

PASSETTI, Edson. Ensaio sobre um abolicionismo penal. **Verve**, São Paulo, ed. 9, p. 83-114, 2006. DOI https://doi.org/10.23925/verve.v0i9.5131. Disponível em: http://revistas.pucsp.br/verve/article/view/5131. Acesso em: 18 jul. 2021.

PEREIRA, Luciano Meneguetti. O Estado de Coisas Inconstitucional e a violação dos direitos humanos no sistema prisional brasileiro. **Ridh**, Bauru, v. 5, n. 1, p. 167-190, jan. 2017. Semestral.

PONTIERI, Alexandre. Trabalho do preso. **Revista do Direito Trabalhista**: RDT, Brasília, v. 17, n. 2, p. 9-14, fev. 2011.

PROJETO GRÃO (Rio de Janeiro). **Reinserção de Egressos**. 2020. Disponível em: https://blogdoprojetograo.wordpress.com/grupos-de-trabalho/reinsercao-de-egressos/. Acesso em: 27 maio 2021.

QUADROS, Matheus. A constitucionalidade da privatização dos presídios: uma análise sobre a constitucionalidade da longeva polêmica. **Revista Âmbito Jurídico. nº 190**. Disponível em: https://ambitojuridico.com.br/cadernos/direito-constitucional/a-constitucionalidade-da-privatizacao-dos-presidios-uma-analise-sobre-a-constitucionalidade-da-longeva-polemica/. Acesso em 15 de setembro de 2021.

RABELO, César Leandro de Almeida; VIEGAS, Cláudia Mara de Almeida Rabelo et al. **A privatização do sistema penitenciário brasileiro**. Jus Navigandi, Teresina, ano 16, n. 2960, 9 ago. 2011. Disponível em: <http://www.ambitojuridico.com.br/site/?artigo_id=9822&n_link=revista_artigos_leitura>. Acesso em:20/05/2021.

RODRIGUES, Natan Costa. **O Conceito de Justiça em Miguel Reale**: teoria tridimensional e justiça. [s. l.]: Clube de Autores, 2020. 96 p.

ROIG, Rodrigo Duque Estrada. **Execução penal**: teoria crítica. 4. ed. São Paulo: Saraiva Educação, 2018.

SARLET, Ingo Wolfgang; MARINONI, Luiz Guilherme; MITIDIERO, Daniel. **Curso de direito constitucional**. 7. ed. São Paulo: Saraiva Educação, 2018.

SILVA, Jane Ribeiro. **A execução penal a luz do método APAC**. Edições Paulinas, Minas Gerais, 2014.

SILVA, Ricardo Marcassa Ribeiro da; SÉLLOS-KNOERR, Viviane Côelho de. O trabalho como instrumento da promoção da dignidade do preso. **Revista Jurídica-unicuritiba**, Curitiba, v. 1, n. 38, p. 136-158, set. 2015.

SOUZA, Rafaelle Lopes; CORREA, Marina Aparecida Pimenta da Cruz. Origem e relação do trabalho com o ser humano e as limitações do trabalho na prisão / Origin and work relationship with human being and labor limitations in prison. **Textos & Contextos (porto Alegre)**, [s.l.], v. 15, n. 1, p. 126, 23 maio 2016. EDIPUCRS. http://dx.doi.org/10.15448/1677-9509.2016.1.22831

STRECK, Lenio Luiz. **Estado de Coisas Inconstitucional é uma nova forma de ativismo**. 2015. Disponível em: https://www.conjur.com.br/2015-out-24/observatorio-constitucional-estado-coisas-inconstitucional-forma-ativismo. Acesso em: 01 jun. 2021.

TRINDADE, Lourival Almeida. **A ressocialização... Uma (dis)função da pena de prisão**. Porto Alegre: Sérgio Fabris. 2003.